POLYGLOTT

GOLF VON NEAPEL

ON TOUR

DER AUTOR

CHRISTIAN NOWAK

reist immer wieder von Berlin an den Golf von Neapel. Nicht unbedingt im Sommer, der Hauptferien- und Reisezeit, sondern im Frühjahr und Herbst, wenn es in den Küstenorten ruhiger zugeht und das milde Licht der Landschaft besonders schmeichelt. Was den Autor jedes Mal aufs Neue fasziniert, ist der Kontrast zwischen dem hektischen Neapel und der friedlichen Stille in den Bergen des Cilento.

W0409531

Unser E-Book-Code zur elektronischen Erweiterung des POLYGLOTT on tour. Das kostenlose E-Book enthält die im Reiseführer aufgeführten Adressen entlang der Touren, beispielsweise zu Essen und Trinken, Shoppen, Aktivitäten und Hotel-Tipps. Links auf einen externen Kartendienst vereinfachen das Auffinden dieser Adressen.

WWW.POLYGLOTT.DE

SEITENBLICK

ERSTKLASSIG

ALLGEMEINE KARTEN

REGIONEN-KARTEN

STADTPLÄNE

SYMBOLE ALLGEMEIN

Erstklassig: Besondere Tipps der Autoren

Seitenblick: Spannende Anekdoten zum Reiseziel

12 Top-Highlights und

Highlights der Destination

TOUR-SYMBOLE

1	Die POLYGLOTT-Touren
6	Stationen einer Tour
1	Zwischenstopp Essen & Trinken
A1	Die Koordinate verweist auf die Platzierung in der Faltkarte
a1	Platzierung Rückseite Faltkarte

PREIS-SYMBOLE

	Hotel DZ	Restaurant
€	bis 90 EUR	bis 20 EUR
€€	90 bis 180 EUR	20 bis 40 EUR
€€€	über 180 EUR	über 40 EUR

ZEICHENERKLÄRUNG DER KARTEN

(Seite=Kapitelanfang) beschriebenes Stadtviertel

Sehenswürdigkeiten

Tourenvorschlag

Autobahn

Schnellstraße

Hauptstraße

sonstige Straßen

Fußgängerzone

Eisenbahn

Staatsgrenze

Landesgrenze

Nationalparkgrenze

Perfekte Planung › Parallel vordere Klappe aufschlagen

TOP 12 HIGHLIGHTS

1. VIA S. GREGORIO ARMENO, NEAPEL › S. 54
2. NAPOLI SOTTERÀNEA, NEAPEL › S. 55
3. MUSEO ARCHEOLOGICO NAZ., NEAPEL › S. 56
4. MUSEO NAZ. DI CAPODIMONTE, NEAPEL › S. 57
5. ORAKEL DER SIBYLLE, CUMAE › S. 73
6. VESUV › S. 78
7. HERCULANEUM › S. 81
8. CAPRI › S. 95
9. ISCHIA › S. 103
10. AMALFI › S. 127
11. PAESTUM › S. 140
12. NATIONALPARK CILENTO › S. 146

Auf der Vespa lässt sich die schön geschwungene Amalfiküste am besten erkunden

TYPISCH

DER GOLF VON NEAPEL IST EINE REISE WERT!

Kampanien und die Golfregion sind vom Klima verwöhnt, üppig gedeihen Zitronen, Wein und Oliven. Kein Wunder, dass auf Märkten, Plätzen und in kleinen Gassen die pure Lebensfreude herrscht. Auf Schritt und Tritt begegnet man den jahrtausendealten Spuren von Griechen und Römern. In Neapel, der faszinierenden wie prekären Metropole des Südens, leben die Mythen und Mentalitäten der Antike fort.

CHRISTIAN NOWAK
zieht es oft von Berlin an den Golf von Neapel. Nicht unbedingt im Sommer, der Hauptferien- und Reisezeit, sondern im Frühjahr und Herbst, wenn es in den Küstenorten ruhiger zugeht und das milde Licht der Landschaft besonders schmeichelt. Jedes Mal aufs Neue fasziniert der Kontrast zwischen hektischem Neapel und stillem Cilento.

Die Ankunft in Neapel ist für mich immer wieder ein Feuerwerk für alle Sinne. Es beginnt schon auf der kurzen Fahrt vom Flughafen Capodichino ins Zentrum. Jäh werde ich aus der gewohnten Ordnung mitten ins Chaos katapultiert: Die Straßen sind vom Verkehr komplett verstopft, zwischen all den lärmenden Blechlawinen schlängeln sich noch Motorroller hindurch, nutzen jeden Zentimeter für ihre abenteuerlichen Schlenker – alles scheint zu stehen und sich doch irgendwie vorwärtszubewegen, vielleicht, weil alle ständig hupen und konsequent die Verkehrsregeln missachten.

Um endgültig in Neapel anzukommen, führt mich ein erster Spaziergang immer zum Spaccanapoli, mitten ins historische Herz der Stadt. Nirgendwo ist Neapel authentischer als in der engen, wie mit dem Lineal gezogenen Gasse, die die Altstadt in zwei Hälften spaltet (*spaccare* = spalten). Kleine Läden bieten Gemüse, Obst, Fisch und Fleisch und so gut wie alle Dinge des täglichen Bedarfs an. Kleine Bars für den Espresso zwischendurch reihen sich aneinander, zwischen den Hauswänden der noch engeren Seitengassen flattert bunte Wäsche an Wäscheleinen und leben immer noch ganze Familien in den fensterlosen *bassi* – unter menschenunwürdigen Bedingungen. Aber entlang des Spaccanapoli paart sich Armut auch immer mit Anmut: Stets nur wenige Schritte entfernt liegen opulent ausgeschmückte Kirchen, ziehen sich die geheimnisvollen Katakomben durch den Untergrund und stellen Krippenbauer in ihrer Straße ihre filigrane Schnitzkunst aus. Vom exklusiven Stadthügel Posilippo aus offenbart sich Neapels einzigartige geografische Lage: Weit öffnen sich die Arme des Golfs, im Norden bis zum Kap von Miseno und darüber hinaus bis zur Insel Ischia, im Süden bis zur Sorrentinischen Halbinsel, der die Isola di Capri vorgelagert ist. Alles überragend und weithin sichtbar thront der Vesuv.

Neapel ist ein faszinierender Schmelztiegel – aber auch anstrengend, deshalb fliehe ich in der Regel nach einigen Tagen aus der Stadt und suche mir ein ruhigeres Plätzchen. Gerne auf der nahen Insel Procida, denn das kleinste Eiland im Golf von Neapel wurde bis heute vom Tourismus kaum entdeckt, vielleicht weil es weder Thermalquellen wie Ischia noch den Hauch von Luxus wie Capri besitzt. Nur einen Katzensprung mit dem Schnellboot von Neapel entfernt, bieten Procidas leicht verwitterte, pastellfarbene Würfelhäuser einen ungemein beruhigenden Anblick. In das Fischerdorf Corricella führen nur Treppenwege, kein Auto stört das friedliche Idyll. An der Hafenpromenade flicken die Fischer in aller Ruhe ihre Netze, bevor sie wie eh und je am Abend wieder aufs Meer fahren.

Immer wieder fällt es schwer, sich von diesem Idyll loszureißen, doch viele andere verlockende Ziele warten am Golf. Dazu gehören ganz unterschiedliche Sehenswürdigkeiten wie der Vesuv, von dessen kargem, steinigem Gipfel man einen famosen Blick in den Krater genießt, oder die Insel Capri, die nicht nur mit der Blauen Grotte und der Villa San Michele, sondern auch mit steil aufragenden Felswänden und ganzjährig üppigem Grün verzaubert. Ein weiterer Höhepunkt ist die amalfitanische Küste, an deren abweisenden Felsufern sich ehemals kleine Fischersiedlungen zu mondänen Ferienorten entwickelt haben, in denen sich die pastellfarbenen Häuser aus Platzmangel übereinan-

Die Quartieri Spagnoli prägen das Herz Neapels

Fischfangflotte im Hafen von Corricella auf Procida

der stapeln. Vom Tourismus noch kaum entdeckt ist der Nationalpark des Cilento, der eine einzigartige Mischung aus Natur, antikem Erbe, schönen Stränden und kulinarischen Genüssen bietet.

Pompeji und Herculaneum, einst blühende Städte, in denen das Leben 79 n. Chr. durch den Ausbruch des Vesuvs abrupt zum Stillstand kam, sind heute wie ein Fenster in die Vergangenheit. Doch gewähren sie gleichzeitig auch Einblick in die Probleme, mit denen die Golfregion heute zu kämpfen hat. Mein erster Pompejibesuch liegt mittlerweile viele Jahre zurück, seitdem hat sich der Zustand des UNESCO-Weltkulturerbes dramatisch verschlechtert. Trotz der üppigen Eintrittsgelder, die Millionen Besucher jedes Jahr in die Kassen spülen, und der internationalen Zuschüsse verfällt die Ruinenstadt zusehends. Nicht die gerne zitierte Finanznot, sondern vielfältige Misswirtschaft, ausufernde Bürokratie und organisierte Kriminalität sind die Ursachen des weiteren – und womöglich letzten – Niederganges der Ruinenstadt. Aber trotz dieser Schattenseiten wird der Golf von Neapel in meinem Herzen ein Sehnsuchtsort bleiben, zu dem ich immer wieder mit Herzklopfen zurückkehre.

WAS STECKT DAHINTER?

Die kleinen Geheimnisse sind oftmals die spannendsten. Hier werden die Geschichten hinter den Kulissen erzählt.

WARUM SIND ROTE HÖRNER IN NEAPEL ALLGEGENWÄRTIG?

Keiner würde es zugeben, doch die meisten fürchten sich vor dem bösen Blick, dem *malocchio*. Denn er kann für allerlei körperliche Beschwerden, aber auch für Pechsträhnen oder sogar den Tod verantwortlich sein. Besonders finster dreinblickende Gesellen – die *jettatore* – können Träger des bösen Blicks sein. Gegen all dieses Ungemach kann man sich schützen, indem man ein *corno* als Schlüssel- oder Kettenanhänger trägt oder es über die Haustür hängt. *Corni* aus Plastik, Gold oder Silber gibt es in allen Größen, leuchtend rot sind sie besonders beliebt. Damit solch ein hörnchenförmiger Anhänger wirklich schützt, muss man ihn sich schenken lassen! Wer gerade kein *corno* hat, kann sich mit der Hörnerhand, der *mano cornuta*, schützen. Die Hand schnell nach unten halten und dabei den Zeige- und kleinen Finger abspreizen.

WARUM HEISST DAS RÖMISCHE THEATER AUCH TEATRO DI NERONE?

Man muss schon genau hinsehen, um die Überreste des Amphitheaters mitten in der Altstadt zu erkennen: ein eher unauffälliger Stützbogen in der Via Anticaglia und einige Sitzreihen im Innenhof der Via San Paolo 4 d1/2. Doch genau da ist die Stelle, wo Kaiser Nero erstmals seine Lieder in griechischer Sprache einem größeren Publikum vortrug. Schon früh fühlte sich der Kaiser zu den schönen Künsten hingezogen, doch in Rom durfte er sie nur im privaten Kreis aufführen. Bei einer Führung mit Napoli sotterranea › S. 56 besichtigt man die unterirdischen Räume des Theaters.

WARUM LAUFEN NEAPELS ALTSTADTGASSEN OFT VON NORD NACH SÜD?

Die Altstadt Neapels bedeckt genau die Fläche, auf der die Griechen im 6. Jh. v. Chr. die Stadt Neapolis gründeten, auch die antike Struktur ist erhalten geblieben. Ein Blick auf den Stadtplan zeigt, dass das Straßennetz dem der verschütteten Städte Pompeji und Herculaneum ähnlich ist. Die Anzahl der von Ost nach West verlaufenden Straßen (in Neapel drei), Decumani genannt, wurde von den antiken Stadtplanern niedrig gehalten, um die schlechte Luft aus den umliegenden Sümpfen weitgehend fernzuhalten. Die Zahl der Straßen in Nord-Süd-Richtung, der Cardines, ist viel größer (ca. 20), denn diese lassen die frische Meeresluft durch. Die Häuserblocks zwischen den Quer- und Längsstraßen, die Insulae, bilden bis heute die Zellen der Altstadt.

50 DINGE, DIE SIE ...

Hier wird entdeckt, probiert, gestaunt, Urlaubserinnerungen werden gesammelt und Fettnäpfe clever umgangen. Diese Tipps machen Lust auf mehr und lassen Sie die ganz typischen Seiten erleben. Viel Spaß dabei!

... ERLEBEN SOLLTEN

1 Fußball live Für eine beeindruckende Lautstärke und eine ebensolche Choreographie sorgen die SSC-Neapel-Fans im Stadio San Paolo › S. 27. Seit das Fußballteam wieder erfolgreich in der Serie A spielt, ist die Stadionstimmung fast so gut wie zu Maradonas Zeiten.

2 Steilküste im Abendlicht In steilen Haarnadelkurven windet sich die Via Krupp › S. 98 hinab zum Meer. Am schönsten ist der Spaziergang am späten Nachmittag, wenn die tief stehende Sonne die Küstenfelsen plastisch erscheinen lässt.

Die Büste des hl. Gennaro in Neapels Dom

3 Königliches Badevergnügen Bei den Ruinen der römischen Villa Pollio Felice am Capo di Sorrento › S. 122 lädt ein sonniges Felsenbecken mit türkisblauem Wasser zur Badepause ein. Hier soll Johanna I. von Anjou nackt gebadet haben (Bagno della Regina Giovanna, Traversa Punta Capo, Sorrento).

4 Blutwunder Dreimal im Jahr (1. Maisonntag, 19. Sept., 16. Dez.) wartet Neapel gespannt darauf, dass sich das Blut des hl. Gennaro in den im Dom › S. 55 aufbewahrten Glasampullen verflüssigt. Mitten im Gedränge zwischen den inbrünstig betenden Gläubigen beginnt man selbst an ein Wunder zu glauben ...

5 Karfreitag auf Procida › S.116 Noch im Dunkeln beginnt die Prozession im Kerzenschein. Nur von Gesängen begleitet, schreitet man mit den *misteri* tragenden, weißblauen Kapuzenmännern der Bruderschaft aus der Stadt hinaus.

6 Mit Göttern unterwegs Im Hinterland der Amalfitana erheben sich die wilden Berge der Monti Lattari › S. 120. Auf dem Sentiero degli Dei kann man sie erwandern. Eine Tagestour führt von Bomerano nach Positano (www.sentieridei.it).

Versuchungen im Quadrat produziert eine neapolitanische Sfogliateria

7 Capri-Küstenzauber Die Scala Fenicia > S. 99, rund 800 in den Fels gehauene Stufen, verbinden Anacapri mit dem Hafen Marina Grande. An der Kapelle S. Antonio kann man eine Pause einlegen und den herrlichen Blick genießen.

8 Napoli Pizza Village Anfang September verwandelt sich in Neapel die Uferpromenade Lungomare > S. 60 in eine große Partymeile. Konzerte und die besten Pizzaioli sorgen für Stimmung und Gaumenfreuden (www.pizzavillage.it).

9 Einkaufen wie die Napoletaner Lautstark bieten die Verkäufer an den Ständen rund um die Piazza Pignasecca > S. 64 frisches Obst und Gemüse an. Ein neapolitanischer Augen- und Ohrenschmaus!

10 Auf den Vesuv Beinah für sich alleine hat man die äußerst bizarre Vulkanlandschaft bei einer dreistündigen Wanderung vom Osservatorio Vesuviano > S. 81 aus auf den Gipfel.

... PROBIEREN SOLLTEN

11 Pasta mit Fischsoße In Cetara > S. 119 schmecken im Ristorante Al Convento *linguine alla colatura di Alici* besonders lecker (Piazza San Francesco 16). In dem Fischerdorf wurde die würzige Soße aus Sardellen und Salz erfunden.

12 Süße Versuchung In jeder *pasticceria* und auch in vielen Bars in Neapel sieht man sie: *sfogliatelle,* mit Ricotta gefüllte Blätterteigtaschen. Die besten *sfogliatelle* gibt es vielleicht in der Sfogliateria Attanasio g1 (Vico Ferrovia 3).

13 Tomaten mit Sonnenaroma Der fruchtbare Vulkanboden und viel Sonne verleihen den San-Marzano-Tomaten ihr besonderes Aroma. Decken Sie sich bei Gustarosso F3/4 (www.gustarosso.it) an der A30 bei Sarno damit ein!

14 Frittierte Pizza In Neapel bekommt man die *pizza fritta* an jeder Ecke. Statt im Ofen wird sie in Öl ausgebacken. In der Spaccanapoli › S. 50 schmeckt sie bei D'è Figliole köstlich auf die Hand (Via Giudecca Vecchia 39).

15 Tränen Christi Lacryma Christi del Vesuvio › S. 44 nennt sich der bekannteste Wein von den sonnenverwöhnten Hängen des Vesuvs. Es gibt ihn als Weiß-, Rot- und Roséwein sowie jeweils auch als Spumante z. B. beim Weingut Mastroberardino (Via Manfredi 75/81, Atripalda, www.mastroberardino.com).

16 Suppenküche Die *minestra maritata,* die »verheiratete Suppe«, ist ein kampanisches Wintergericht. »Vermählt« werden Gemüse und Penzetta-Wurst. Probieren kann man das Ergebnis in der mit Michelinstern ausgezeichneten Taverna del Capitano in Marina del Cantone D6 (Piazza delle Sirene 10).

Gran Caffè Gambrinus an der Piazza Trento a Trieste

17 Coniglio all'ischitana In der Taverna Pietropaolo detto Stalino am Lido dei Maronti › S. 114 ist das Kaninchen in Tomaten-Weißwein-Soße eine gute Wahl (Sant'Angelo, Tel. 081 90 58 70).

18 Kaffeetempel Den sehr wahrscheinlich besten *caffè* Italiens gibt es in Neapel. Im Gran Caffè Gambrinus › S. 58 serviert man ihn mit einer wunderbaren *crema*. Einmalig ist auch das luxuriöse Ambiente im schönen runden Kuppelsaal.

19 Köstlicher Schmelz Die beste Eisdiele Neapels ist immer eine unter vielen. Besonders cremig und geschmacksintensiv sind aber das Schokoladen- und Pistazieneis der Casa infante d3/4 (Via Toledo 258, www.casainfante.it).

20 Abendessen in der Hölle Es raucht, dampft, zischt und blubbert im Solfatara-Krater › S. 70 in Pozzuoli. Im Sommer werden hier samstagabends Speisen in einer Fumarole dampfgegart und verkostet (nur mit Anmeldung, *visita serale*, Tel. 08 15 26 23 41, www.solfatara.it).

21 Süße Offenbarung Ein Napfkuchen verwandelt sich in Neapels Backstuben mit Rum getränkt in einen *babà*. Mit Sahne oder Cremes gefüllt schmeckt er besonders köstlich in der Pasticceria Tizzano h1 (Corso Meridionale 16, Napoli).

… BESTAUNEN SOLLTEN

22 Neapel zu Füßen Drei Seilbahnen fahren in Neapel auf den Vomero-Hügel und zur Villa Floridiana › S. 59. Im Park des Anwesens eröffnet sich von der Freitreppe ein grandioser Blick auf Stadt und Golf.

23 Kunst oder Pornografie? Das Geheime Kabinett, *Gabinetto segreto*, im Archäologischen Nationalmuseum › S. 56 in Neapel, zeigt antike erotische Vasen, Plastiken und Fresken meist aus Pompeji. Unmissverständlich wird klar: Puritaner waren die Römer nicht.

24 Alexandermosaik Ein tanzender Faun gab dem größten Haus Pompejis den Namen: Casa del Fauno › S. 90. Hier wurde eines der schönsten Mosaike – die Alexanderschlacht –, gefunden. Die 5,82 mal 3,13 m große Kopie am Originalfundort lässt die Pracht der pompejanischen Villen und den gehobenen Lifestyle der Bewohner erahnen.

25 Amalfiküste vom Boot aus Der Furore-Fjord hat sich tief in die Küstenfelsen hineingeschnitten, die Häuser des malerischen Örtchens Conca dei Marini kleben an der Steilküste. Bei einem Bootsausflug von Marina della Lobra › S. 123 fährt man ganz nah an sie heran (www.marinalobra.com).

Das Fischernest Conca dei Marini

26 Dem Himmel nah Morgens in aller Frühe ist die Terrazza dell'infinito im Garten der Villa Cimbrone › S. 131 am allerschönsten. (Fast) ganz alleine genießt man den weitschweifenden Küstenblick zwischen weißen Marmorbüsten hindurch.

27 Sunset auf Capri Wenn bei Capri die rote Sonne im Meer versinkt, haben die Tagestouristen die Insel verlassen und es kehrt wohltuende Stille ein. Besonders malerisch geht die Sonne am Leuchtturm der Punta Carena › S. 100 unter.

28 Frühstück alla napoletana Suchen Sie früh am Morgen auf der Spaccanapoli › S. 50 die kleine Bar Nilo (Via San Biagio dei Librai 129) auf, bestellen Sie am Tresen einen *caffè* und ein *sfogliatelle* und schauen Sie zu, wie Neapel erwacht.

29 Capri im Cabriolet Vom Hafen Marina Grande › S. 101 chauffieren Open-Air-Taxis Fahrgäste stilvoll nach Anacapri, zur Blauen Grotte und nach Marina Piccola. Der Preis ist Verhandlungssache.

30 Kampaniens Versailles Der Palazzo Reale › S. 63 in Caserta ist einer der größten barocken Prachtbauten Europas. Fotografieren Sie das marmorne Treppenhaus von der Zwischenebene mit den Löwen Richtung Aufgang – dann bannen Sie alle drei Ebenen der Prunktreppe auf ein Foto.

31 Positano Nach dem anstrengenden »Treppauf, Treppab« in Po-

Das wahrhaft majestätische Treppenhaus im Palazzo Reale in Caserta

sitano › S. 124 legt man sich an die Spiaggia Grande und beobachtet, wie die Pastellfarben der würfelförmigen Häuser gegen Abend immer intensiver werden.

32 Versunkene Welt Langsam gleitet das Glasbodenboot vor der Küste von Baia › S. 72 über die antiken Ruinen der römischen Sommervillen. Fahren Sie bei ruhiger See hinaus, nur dann kann man die Säulen und Mauerreste sehen.

... MIT NACH HAUSE NEHMEN SOLLTEN

33 Süße Taube Um die Osterzeit kauft jeder Neapolitaner im Supermarkt mindestens eine Colomba Pasquale. Der Hefekuchen in Taubenform hält sich in Folie eingeschweißt noch lange frisch.

34 Bunte Keramik Vietri sul Mare › S. 133 ist bekannt für seine in kräftigen Farben strahlenden Tassen und Vasen. Die größte Auswahl hat Ceramica Solimene (Via Madonna degli Angeli 7).

35 Flüssiges Gold Das Olivenöl aus dem Cilento ist hervorragend. Auf dem Agriturismo Il Mulino › S. 147 wird es von Luisa und Giuseppe in Handarbeit – schonend, ohne Wärmezufuhr – gepresst.

36 Kaffeegenuss Auch zu Hause schmeckt der Kaffee von S. Passalacqua nach Urlaub. Die neapolitanische Traditionsrösterei vertreibt ihn in den hauseigenen Mexico-Bars. Eine davon befindet sich an der Piazza Dante 86 e2.

37 Moda Positano Bunte, luftige Stoffe und feminine Schnitte zeichnen seit den 1950er-Jahren die Mode von Positano › S. 125 aus. Im Geschäft von Maria Lampo findet Frau ein passendes Sommerkleid (Via Pasitea, 12/14/16).

38 Zitronen in der Flasche Der Zitronenlikör Limoncello duftet und schmeckt, mit leicht säuerlicher Note, herrlich fruchtig. Eine gute Einkaufsadresse ist der Hersteller Antichi Sapori d'Amalfi in Amalfi › S. 129 (Piazza Duomo 39).

39 Canzone Napoletana Die Neapolitaner lieben Musik – es lohnt sich, in einem der Plattenläden Neapels zu stöbern, z. B. bei Freequenze Records in der Via S. Sebastiano 20 e2.

40 Sott'olio In Öl eingelegte Auberginen, Zucchini, Pilze und Artischocken für daheim gibt es in Gläsern z. B. in Bioqualität bei Francesco Vastola in Capaccio-Paestum (www.maidaitaly.com).

Die Zitronenschalen verleihen dem Limoncello seinen besonderen Geschmack

41 Sandali capresi Nicht billig, aber umso schöner sind die Sandalen › S. 103 von Antonio Viva. An den Füßen von Julia Roberts wurden sie berühmt, und Sie werden sie lieben (Via G. Orlandi 75, Anacapri, http://sandalocaprese.it).

... BLEIBEN LASSEN SOLLTEN

42 Reisen im August Die Unterkünfte sind am teuersten und oft ausgebucht. In den Städten sind dann viele Geschäfte geschlossen, an den Stränden herrscht Massenandrang und auf den Küstenstraßen Dauerstau.

43 Neapel im Auto Autofahren in Neapel ist reine Anarchie, Verkehrsregeln werden ignoriert, Parkplätze sind nicht zu finden, Blechschäden an der Tagesordnung.

44 King of Protz Wer Schmuck, Geldbörse, Kamera oder Handtasche zu auffällig bei sich trägt, könnte das in Neapel bereuen. Am besten lassen Sie alle Wertsachen im Hotel.

45 Amalfiküste im Wohnmobil Im Sommer ist die Küstenstraße für Wohnmobile und Wohnwagengespanne gesperrt, und auch sonst ist die enge, kurvige Straße für große Fahrzeuge ungeeignet.

46 Antikes sammeln Alte Steine, Münzen oder Scherben lassen Sie besser liegen, es könnten Kulturgüter sein und deren Ausfuhr ist verboten. Die Strafen sind drastisch.

Handverlesene Artischocken

47 Richtiger Ort, falsche Zeit Italiener lieben eine lange Mittagspause. Geschäfte sind ab 12 Uhr oder spätestens 13 Uhr für drei bis vier Stunden geschlossen.

48 Im Bikini in den Supermarkt Nicht nur bei Kirchenbesichtigungen gilt: Italiener erwarten an jedem Ort eine angemessene Kleidung. Im Zweifelsfall mehr Textil!

49 Einzeln bezahlen Zusammen essen, zusammen zahlen. Kein Kellner hat Verständnis dafür, wenn jeder am Tisch seine eigene Rechnung haben möchte.

50 Markenfälschungen kaufen In Neapel werden an jeder Ecke gefälschte Markenartikel zu Spottpreisen angeboten. Bei Polizeikontrollen kann das vermeintliche Schnäppchen teuer werden.

Marina di Corricella auf Procida lebt nach wie vor vom Fischfang

REISEPLANUNG & ADRESSEN

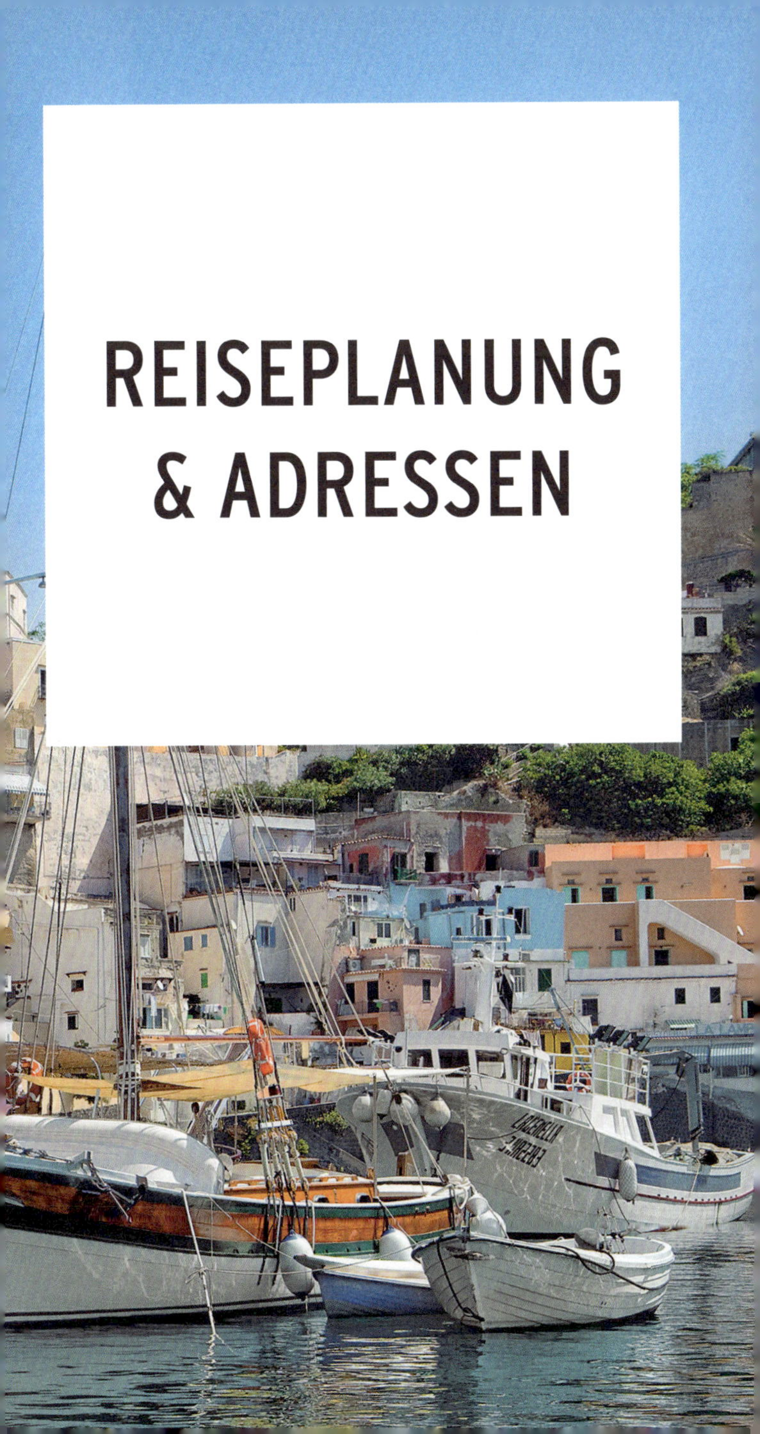

DIE REISEREGION IM ÜBERBLICK

Als die ersten Reisenden aus dem Norden im 19. Jh. die Golfregion für sich entdeckten, waren sie voller Begeisterung für die Schönheiten und Wunder dieses einmaligen Landstrichs. Zu jener Zeit entstand auch der berühmte Spruch: »Neapel sehen und sterben«.

Heute ist die Landschaft zwar immer noch atemberaubend schön, doch Korruption und ungehemmte Bauspekulation haben vielerorts ihre unübersehbaren Spuren hinterlassen. **Neapel** ist im Laufe der Jahrzehnte regelrecht ausgeufert, neue, meist hässliche Trabantenstädte haben sich in die liebliche Hügellandschaft des Golfs gefressen. Trotzdem hat die Stadt ihren majestätischen Charakter nicht ganz verloren und ist immer noch eine Reise wert. Was Neapel nicht genommen werden kann, ist seine einzigartige Lage. Neapel liegt aber nicht nur zu Füßen des Vesuvs, sondern ist rundum von teils noch tätigen Vulkanen umgeben. Am nördlichen Golfrand, also **westlich von Neapel,** breiten sich die Campi Flegrei, die »Brennenden Felder«, aus: Aus zahlreichen Fumarolen emporsteigende Schwefeldämpfe und ein teilweise glühend heißer, hohl klingender Boden zeugen von der noch lebendigen vulkanischen Tätigkeit.

Der Vesuv thront über der Ruinenstadt Pompeji

Östlich von Neapel beherrscht wieder der Vesuv die Landschaft. Weithin sichtbar ist sein Kegel, ein schlafender, aber keinesfalls erloschener Riese, der schon häufig für Unheil gesorgt hat. Die versunkenen Städte Herculaneum und Pompeji belegen die Katastrophe aus dem Jahr 79 n. Chr. sehr eindringlich. Und trotzdem kriechen heute Städte und Dörfer immer weiter die Hänge des Vesuvs hinauf, denn hier ist jeder Quadratmeter kostbar.

Halbinsel von Sorrent

Die Insel **Capri** ist ihrer geologischen Entstehung nach ein abgesprengter Teil der Halbinsel von Sorrent. Grauweiße Kalkfelsen, von geheimnisvollen Grotten unterhöhlt, steigen hier aus dem Meer auf. Vulkanischen Ursprungs ist hingegen die **Isola d'Ischia** mit ihren unzähligen heilsamen Thermalquellen und dem mächtigen Monte Epomeo. Teils flach, teils steil fallen die Hänge zur Küste hin ab. Auf **Procida** kann man noch süditalienische Ursprünglichkeit und Unverfälschtheit erleben. Auch diese Insel ist vulkanischen Ursprungs, jedoch ohne heiße Quellen und Fumarolen. Unzählige Krater und Höhlen verleihen der Küste des nur 4 km langen und 2 km breiten Eilands ihren besonderen Reiz.

Den südlichen Abschluss des Golfo di Napoli bildet die **Halbinsel von Sorrent.** Seit Beginn des Tourismus hat diese Halbinsel die Reisenden verzückt, wegen der wilden Monti Lattari, die oft fast senkrecht zum Meer abfallen, der malerischen Terrassengärten, der Zitronenplantagen, der Städte hoch über dem Meer und der winzigen Strände, die sich zwischen die Felsen drängen. Steil und buchtenreich ist auch die amalfitanische Küste. Wie durch ein Wunder wurde dieser Küstenstreifen vor der neapolitanischen Bauspekulation bewahrt. Die kleinen Orte entlang der berühmtesten Küstenstraße Italiens haben ihren ländlich-lieblichen Charakter behalten.

Rund 100 km südlich von Neapel beginnt der **Cilento,** der von den großen Touristenströmen und der Bauwut verschont geblieben ist. Entlang der Küste reihen sich ursprüngliche Fischerdörfer, im Landesinneren liegen kleine, teils uralte Orte auf felsigen Hügeln. Die Küste mit feinen Sandstränden, aber auch Buchten, Grotten und bizarr erodierten Felsen lässt ganz automatisch Urlaubsstimmung aufkommen. Im Hinterland, das großteils zum *Parco Nazionale del Cilento e Vallo di Diano* gehört, erstreckt sich eine noch weitgehend unentdeckte Bergwelt.

KLIMA & REISEZEIT

Im Golf von Neapel herrscht das typisch mediterrane Klima mit milden Wintern und trockenen, heißen Sommern. Obwohl die Sonne oft monatelang ununterbrochen vom Himmel scheint, wird es dank der frischen Meeresbrise nur selten extrem heiß.

Das berühmte stabile Mittelmeerhoch dauert meist von Ende Juni bis Ende August. Die größten Niederschläge fallen hingegen in den Wintermonaten November, Dezember und Januar. Im Juli und August strömen die Italiener ans Meer. Dann sind die Küsten und die Inseln überlaufen, die Preise im absoluten Hoch. Sehr dichter Reiseverkehr herrscht auch zur Osterzeit. Als ideale Reisezeit bieten sich Mitte Mai bis Ende Juni sowie September bis Mitte Oktober an. Kunstreisende kommen auch im Winter auf ihre Kosten, wenn die Museen und archäologischen Stätten wenig besucht sind. Allerdings sind in dieser Zeit viele Hotels und Restaurants geschlossen.

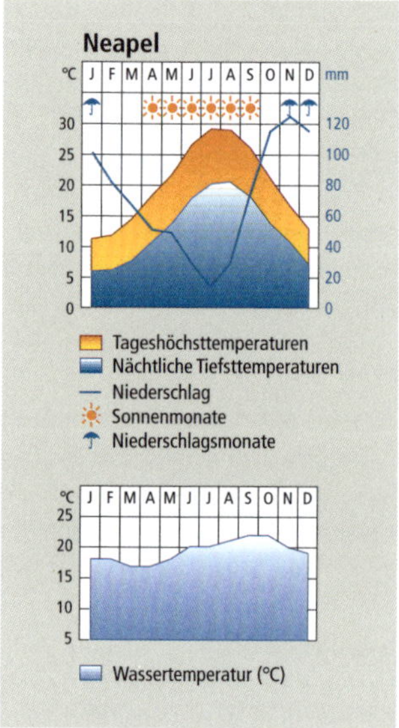

Wer im Winter nach Süditalien reist, sollte trotz Mittelmeerklima reichlich warme Pullover und Jacke sowie Strümpfe einpacken. Die meisten Häuser am Golf sind gar nicht oder nur sehr spärlich beheizt.

ANREISE

MIT DER BAHN

Von Deutschland, Österreich und der Schweiz gibt es täglich Bahnverbindungen nach Neapel, meist über Bologna oder Mailand. Weitere Züge enden in Rom, von wo stündlich Schnellzugverbindungen nach Neapel bestehen (Rom–Neapel ca. 2 Std. Fahrt). Bei den **Nachtzügen** empfiehlt sich eine rechtzeitige Platzreservierung im Liege- oder Schlafwagen (www.bahn.de).

Eine bequeme Verbindung ist der Nachtzug *ÖBB Nightjet*, der von München über Florenz nach Rom fährt; dort umsteigen nach Neapel. Von Wien fährt der *ÖBB Nightjet* nach Venedig, oder der *Regiojet* nach Rom. Dort umsteigen nach Neapel oder Salerno. Aus der Schweiz geht die Reise z. B. von Zürich nach Mailand und weiter mit dem Schnellzug *Frecciarossa* nach Neapel.

MIT DEM AUTO

Die A 1 verbindet Neapel mit dem internationalen Autobahnnetz. Die italienischen Autobahnen sind gebührenpflichtig, nur die Strecke Salerno–Reggio Calabria kann kostenlos befahren werden. Auf Capri ist Autofahren für Touristen in der Saison verboten. Nach Ischia und Procida darf man Pkws mitnehmen.

MIT DEM FLUGZEUG

Der **Aeroporto Napoli-Capodichino** (www.aeroportodinapoli.it), 7 km nördlich von Neapel, wird von Lufthansa ab München und Frankfurt direkt angeflogen, von Alitalia meist mit Zwischenstopp in Rom oder Mailand. Hinzu kommen Direktflüge von Billigfliegern wie Easyjet ab Berlin oder TUIfly von diversen deutschen Städten nach Neapel sowie weitere ab Wien und Graz bzw. Zürich und Genf. Flugstrecken und Angebote vor allem bei den Billigfliegern ändern sich ständig; Onlinerecherchen oder ein Besuch im Reisebüro sind ratsam. Der Flughafenbus **Alibus** (Ticket im Bus, 5 €) verkehrt zwischen dem Flughafen Capodichino und dem Stadtzentrum von 6 bis 23.30 Uhr, drei- bis fünfmal pro Stunde. Haltestellen im Zentrum: Piazza Garibaldi (Hauptbahnhof), Porto di Massa und Molo Beverello (Fähranleger Hafen) (Fahrpläne: www.anm.it). Eine **Taxifahrt** ins Stadtzentrum (20–35 Min.) kostet ca. 16 €.

REISEN IN DER REGION

MIT DEM AUTO

In Neapel ist der eigene Wagen nur eine Belastung. Der Verkehr ist chaotisch und einen Parkplatz bekommt man sowieso nicht. Zudem sind größere und kleinere Parkschäden, um die sich hier niemand kümmert, an der Tagesordnung. Wer also mit dem eigenen Auto anreist, sollte sich als Erstes einen bewachten Parkplatz suchen. Außerhalb von Neapel ist die Situation schon viel entspannter, wenn man sich an die doch sehr freizügige Auslegung der Straßenverkehrsordnung gewöhnt hat › S. 154. Mietwagen können in Neapel, z. B. am Flughafen Napoli-Capodichino, in Salerno oder Sorrento gebucht werden.

MIT DER BAHN

Neapel besitzt drei Bahnhöfe, die **Stazione Centrale** an der Piazza Garibaldi, **Mergellina** am Hafen und **Campi Flegrei** in Fuorigrotta. Fahrten entlang der Küste von Pozzuoli bis Castellammare di Stabia und weiter bis Salerno sind kein Problem. Zur Besichtigung von Pompeji und Herculaneum bietet sich die Regionalbahn **Circumvesuviana** an, die vom Hauptbahnhof in Neapel abfährt (www.eavsrl.it).

MIT DEM SCHIFF

Sowohl **Tragflügelboote** *(Aliscafi)* als auch normale **Fähren** *(Traghetti)* fahren das ganze Jahr über regelmäßig, im Sommer mindestens einmal stündlich ab Hafen Neapel (Molo Beverello) zu den Inseln Capri, Ischia und Procida. Von Pozzuoli gehen ebenfalls Schiffe nach Ischia und Procida. Die beiden wichtigsten Fährgesellschaften sind **Caremar** (www.caremar.it) und **SNAV** (www.snav.it).

ÖFFENTLICHER NAHVERKEHR

Der öffentliche Nahverkehr in Neapel ist gut ausgebaut, auch in die umliegenden Orte gelangt man problemlos mit dem Bus. Besonders stressfrei ist die Fahrt mit Neapels Metro. Details zum Nahverkehr in Neapel › S. 60.

SPORT & AKTIVITÄTEN

Die Golfregion ermöglicht eine Fülle von sehr unterschiedlichen Aktivitäten. Neben Kunst- und Kulturgenuss bietet sie sinnliches Erleben von Vulkanismus sowie Erholung im Kur- und Schönheitsurlaub auf Ischia.

Land und Meer laden allerdings auch zu vielseitigen sportlichen Aktivitäten ein, etwa auf der Halbinsel von Sorrent › Seitenblick S. 134.

BADEN

Die Küsten der Golfregion sind nur stellenweise ideales Badegebiet. Dazu gehören besonders die sandigen oder feinkiesigen Strände von Ischia und die gesamte Küste des Cilento mit herrlichen Sandstränden. Die Insel Capri sowie die Amalfiküste bieten nur beschränkt Bademöglichkeiten in Form von meist sehr kleinen und felsigen Badebuchten, die oft nur über eine Unzahl von Treppenstufen zu erreichen sind. In Neapel wurde inzwischen das Badeverbot offiziell aufgehoben. Die blaue Flagge für gute Wasserqualität wehte 2018 über den Stränden von Massa Lubrense, Anacapri und Positano sowie in 15 weiteren Badeorten in der Umgebung von Neapel und Salerno. (www.bandierablu.org).

TAUCHEN

Die Küsten vor der Punta Campanella (Halbinsel von Sorrent), die Gewässer vor Amalfi und um Capo Palinuro mit ihren zahlreichen Grotten und der üppigen submarinen Flora und Fauna sind ein Dorado für Taucher. Auch die Gewässer um Ischia bieten schöne Tauchgründe. Professionelle Tauchbasen gibt es z. B. am Hafen von Ischia Porto, in Pozzuoli oder in Palinuro. Exkursionen mit dem Boot vermitteln die Infobüros vor Ort.

SEGELN UND SURFEN

In vielen Küstenorten werden Segelboote und Surfbretter verliehen. Schulen für diese Sportarten gibt es jedoch nur vereinzelt. Die wichtigsten Häfen für Segler sind Neapel, Amalfi und Positano. Weitere Auskünfte erteilen die lokalen Touristenbüros.

THERMALKUREN

Infos über die Kurmöglichkeiten auf Ischia erhält man unter www.terme-ischia.it oder bei der

A. A. C. S. T.

- Via Iasolino 7 | 80077 Ischia
  Tel. 08 15 07 42 11
  www.infoischiaprocida.it

REITEN

Am Golf von Neapel und im Cilento bieten diverse Agriturismi und Reitklubs Pferdeexkursionen an (www.turismoequestre.com).

FUSSBALL

Ein besonderes Sportereignis ist ein Heimspiel des in der Seria A (oberste italienische Liga) spielenden SSC Napoli im Stadio San Paolo. Rechtzeitig Karten (online) reservieren! > mehr S. 12 Punkt ❶.

Azzurro Service

- Via Diocleziana 188 | 80125 Napoli

Moment der Andacht unter Wasser vor der Halbinsel von Sorrent

Tel. 08 15 93 40 01
www.azzurroservice.net
Anfahrt: FS »Cumana« »Mostra«, Metro 2 bzw. Bus 151 Richtung Piazzale Tecchio, bis Haltestelle »Campi Flegrei«.

GLEITSCHIRMFLIEGEN

Traumreviere für Gleitschirmflieger sind Positano und Paestum.

A. A. S. T. Positano

- Via Regina Giovanna 13
  84017 Positano
  Tel. 0 89 87 50 67
  www.aziendaturismopositano.it

WANDERN

Die Golfregion und der Cilento abseits der Küste sind herrliche Wandergebiete, erfordern aber wegen der steilen Hänge etwas Kondition. Die Wege sind meist gut begehbar. Solides Schuhwerk, entsprechende Kleidung und genug Trinkwasser im Wanderrucksack sind unbedingt notwendig. Wanderkarten gibt es an den Zeitungskiosken und in Buchhandlungen. Karten, Informationen und auch Schnupperwanderungen für Gäste bietet der Italienische Alpenverein (CAI) an.

CAI Napoli

- Castel dell'Ovo Via Eldorado 3
  80132 Napoli | Tel. 081 41 76 33
  www.cainapoli.it

CAI Salerno

- Via Porta di Mare 26 | Tel. 089 25 27 88
  84121 Salerno | www.caisalerno.it

UNTERKUNFT

Jedes Frühjahr veröffentlicht die E. P. T. Napoli › S. 60 ein Unterkunftsverzeichnis mit aktuellen Preisen. Der früher geäußerte Rat, Quartier am besten außerhalb Neapels zu beziehen, gilt nicht mehr uneingeschränkt.

Zwar ist das Bettenangebot im Vergleich zu anderen italienischen Metropolen immer noch relativ gering, doch ergänzen seit einigen Jahren gute Mittelklassehotels, B&Bs und Backpacker-Hostels das Übernachtungsangebot. Auf den Inseln, auf der Halbinsel von Sorrent und an der Amalfitana gibt es traditionell eine eher gehobene Hotellerie. Anders als in Neapel schließen hier viele Häuser über den Winter. Im Cilento gibt es ein vielfältiges Angebot an Agriturismi › S.147 und Ferienwohnungen.

HOTELS

Die offizielle Einteilung der Hotels in Italien in fünf Kategorien von 1 bis 5 Sternen sagt wenig über Zustand, Charme oder Service aus. Im Juli und August liegen die Preise am höchsten, zudem besteht dann oft Pflicht zur Vollpension. Trotzdem sind gerade in dieser Zeit die meisten Hotels frühzeitig ausgebucht.

JUGENDHERBERGEN

Internationale Jugendherbergen gibt es in Agerola, Agrópoli-Paestum,

Cava de' Tirreni, Ischia, Neapel, Pompeji und Salerno. Ein internationaler Jugendherbergsausweis ist erforderlich. Onlinebuchungen sind möglich.

Associazione Italiana Alberghi per la Gioventù

- Salita della Grotta 23 | 80122 Napoli
  http://aighostels.it oder
  www.hihostels.com

CAMPING

Am Golf gibt es einige schöne Plätze bei Sorrento und auf Ischia. Auf Capri ist campen verboten. Onlineverzeichnis des italienischen Campingverbands: www.camping.it

BED & BREAKFAST

B&B am Golf ist der letzte Schrei. Im besten Fall handelt es sich um stilvolle Wohnungen des gehobenen Bürgertums, in denen man guten Komfort, gepaart mit persönlicher Atmosphäre und Einblicken in das Leben der Gastfamilien zum fairen Preis genießt.

Rent a Bed Maurizio Tiso & C.

- Via Marino e Cotronei 10
  80128 Napoli | Tel. 089 831 389
  www.rentabed.it
  Büro: Mo–Fr 9–18 Uhr, auch Onlinevermittlung von Privatzimmern und B&Bs in Neapel und Umgebung.

AGRITURISMO

Als *Agriturismi* bezeichnet man in Italien Landwirtschaftsbetriebe, die Urlaub auf dem Bauernhof anbieten. Die Produkte des Hofs werden zum Großteil für die Bewirtung der Gäste verwendet, sind typisch für die Region und in der Regel von hoher Qualität. Diese Form der Unterkunft mit Verpflegung ist vor allem bei Familien mit Kindern beliebt. Auf den Inseln selbst ist *Agriturismo* weniger üblich. Infos und Buchungen unter www.agriturist.it oder www.italimar.com.

CHARMANT ÜBERNACHTEN

- Gorki und Lenin haben sich in der **Villa Krupp** wohlgefühlt, kein Wunder bei dem sagenhaften Ausblick auf Capri > S. 102.
- Nur zehn Zimmer mit herrlicher Aussicht hat der Adelspalast **Casa sul Mare** aus dem 18. Jh. auf der Insel Procida > S. 116.
- Das **Excelsior Vittoria** in Sorrento ist ein opulentes Grandhotel mit dem Charme längst vergangener Zeiten > S. 122.
- Einst war das **Luna Convento** in Amalfi ein Kloster, der Kreuzgang und die spartanischen Zimmer erinnern noch daran > S. 129.
- Das Bed & Breakfast **Torre dello Ziro** in Ravello verwöhnt die Gäste in einem historischen Haus mit Panoramablick > S. 132.
- Unübertroffene Herzlichkeit und lokale Köstlichkeiten in Hülle und Fülle begeistern im **Agriturismo Il Mulino** im Cilento > S. 147.
- Ein mittelalterlicher Sarazenenturm, **La Torre,** im Cilento (Marina di Casal Velino), dient heute als Feriendomizil, traumhafter Meerblick. Buchung z. B. über www.italimar.com

LEBEN UND ARBEITEN AM GOLF VON NEAPEL

Die Grabungsstätte von Paestum ohne Touristen

ETWAS PAESTUM IST ÜBERALL

Einzutreten in das Bauwerk, das seit zweieinhalbtausend Jahren der Vergänglichkeit trotzt, zwischen den mächtigen dorischen Säulen auf- und abzugehen und in den meist azurblauen Himmel zu schauen – Gabriel Zuchtriegel hat das schon ungezählte Male gemacht. Routine ist es für ihn aber noch immer nicht. Jedes Mal aufs Neue berührt den Archäologen die Aura dieses Ortes, des Neptuntempels. Der ist ein Teil seines Arbeitsplatzes, denn seit 2015 ist der Deutsche Direktor des archäologischen Geländes und des Archäologischen Nationalmuseums von Paestum bei Salerno, er lenkt damit die Geschicke einer der wichtigsten Kulturstätten Italiens. Paestum, heute Ruinenstadt und UNESCO-Welterbe, war eine der schönsten Städte des antiken Großgriechenlands.

Der junge Direktor hat sich viel vorgenommen. Vor allem will er Paestum für ein breites Publikum attraktiver machen und zeigen, wie die Antike bis heute weiterwirkt. Unzählige Baumeister der Neuzeit haben sich an den antiken Vorbildern orientiert, gibt Zuchtriegel zu bedenken. Friedrich Schinkel etwa, der sich bei seinen Plänen für das Alte Museum auf der Berliner Museumsinsel vom Neptuntempel inspirieren ließ. »Ich möchte, dass die Leute sich von der Idee verabschieden, dass man an einem Ort wie Paestum unbedingt alles sehen und alle Fakten zur Kenntnis nehmen muss«, sagt der junge Altertumsexperte und empfiehlt: »Lassen Sie sich einfach über das Gelände und durch das Museum treiben. Manches wird Sie mehr, anderes weniger ansprechen. Es geht nicht darum, das Wichtigste zu sehen. Viel wichtiger ist es, etwas zu entdecken, das einen fasziniert«. Und wenn man lieber eine lange Kaffeepause macht, statt vor den Museumsvitrinen zu stehen, dann sei das auch vollkommen legitim. Niemand müsse sich überfordern oder gar langweilen. Ein Besuch in Paestum solle vor allem ein wunderschönes Erlebnis sein.

BUCH-TIPP:

Der Archäologe Gabriel Zuchtriegel hat ein – auch für Nichtwissenschaftler – absolut fesselndes Buch über das antike Paestum geschrieben.

- **Paestum dentro/inside** (Texte Italienisch/Englisch), Verlag arte'm 2017

DIE TOCHTER DES PRÄSIDENTEN

Die Pizza gehört zu Neapel – wie das Meer und der Vesuv. Die besten Pizzerien finden sich in den verwinkelten Altstadtgassen, wo die heute weltbekannte Kombination aus knusprigem Teig, Tomaten und Käse erfunden wurde. Hier stehen die besten Pizzabäcker Neapels an ihren Holzöfen – und Maria Cacialli, die einzige Frau in der Riege der stadtbekannten Pizzaioli. »Die Leidenschaft fürs Pizzabacken habe ich geerbt«, sagt die resolute Neapolitanerin, die das hüftlange Haar zum strengen Pferdeschwanz gebunden trägt. Marias Vater Ernesto Cacialli, hatte sich schon einen Namen als Meister seines Faches gemacht. Der war bis in die 1990er-Jahre Präsident des weltweiten Pizzabäckerverbandes und wurde landesweit berühmt, als er 1994 beim Besuch von Bill Clinton die Sicherheitsabsperrungen überwand und dem US-Präsidenten ein Stück Pizza überreichte. Als Maria das Geschäft vor einigen Jahren übernahm, hat sie ihre Pizzeria in »La figlia del Presidente« – die Tochter des Präsidenten – umbenannt. »Regionale Produkte zeichnen eine gute Pizza aus«, sagt Maria. Die wichtigste Zutat aber sei »passione« – die Leidenschaft.

PIZZERIA-TIPP:

Spezialität des Hauses ist »pizza fritta«, die mit Ricotta und Speck gefüllte Teigtasche – keine leichte Kost, aber so lecker

- **La figlia del Presidente**
  Via di Grande Archivio 23/24
  Neapel | Tel. 081 286 738
  www.figliadelpresidente.com

Pizza fritta für den großen Appetit

Auf dem Markt von Antignano in Neapel wird auch am Sonntagmorgen frisches Gemüse verkauft

LAND & LEUTE

STECKBRIEF

- **Region:** Kampanien mit 13 595 km²
- **Fläche:** Provinz Neapel mit 1171 km² Inseln: Ischia (46,4 km²); Capri (10,4 km²); Procida (4 km²). Alle drei Inseln gehören zur Provinz Neapel.
- **Höchste Erhebungen:** Monte Miletto (2050 m), Monte Gelbison (1730 m), Doppelgipfel Monte Vesuvio (1277 m) und Monte Somma (1132 m).
- **Einwohner:** Kampanien ca. 5,83 Mio., Neapel ca. 1 Mio., Metropolregion 3,1 Mio., Ischia ca. 64 000, Capri ca. 7 000

- **Wirtschaft:** Stahlproduktion, Maschinenbau, Auto, Chemie, Werft, Textil, Nahrungsmittel, Tourismus.
- **Landesvorwahl:** 00 39
- **Währung:** Euro
- **Zeitzone:** MEZ

LAGE UND LANDSCHAFT

Die Region Kampanien besteht aus den Provinzen Avellino, Benevento, Caserta, Neapel und Salerno. Sie liegt an der Westküste Italiens, erstreckt sich über etwa 13 600 km² und hat rund 5,8 Mio. Einwohner. Damit gehört sie zu den bevölkerungsreichsten Gebieten Italiens, wobei die Bevölkerungsdichte sehr unterschiedlich verteilt ist. Während der Ballungsraum rund um Neapel zu den am dichtesten besiedelten Gebieten Europas zählt, gibt es im Nationalpark Cilento noch viel Platz für unberührte Natur.

Schon im 8. Jh. v. Chr. gründeten die Griechen im heutigen Kampanien erste Kolonien, später entwickelten sich unter dem Einfluss der Römer blühende Städte. Es waren auch die Römer, die der fruchtbaren Region ihren Namen »Campania felix«, glückliche Landschaft, gaben. Noch heute gibt es in Kampanien zahlreiche Spuren der langen Besiedlung. Und kaum ein Besucher kann sich der Einzigartigkeit der archäologischen Schätze von Herculaneum, Pompeji und Paestum entziehen. Doch den Reiz machen nicht nur die Kunst- und Kulturschätze aus, auch die Landschaft hat Höhepunkte zu bieten: die Amalfitana, die spektakuläre Südküste der Sorrentinischen Halbinsel, den Vesuv oder den Nationalpark Cilento.

Wo immer man auch ist, zum Schönsten einer Kampanienreise gehört der Blick auf den sanft geschwungenen Bogen des Golfs von Neapel. Denn aus der Vogelperspektive besitzt selbst das Häusermeer Neapels seinen Reiz, am Horizont der mächtige Vulkankegel des Vesuvs, im Dunst des Golfs die Inseln Capri, Ischia und Procida. Ein Stück weiter südlich, auf der Halbinsel von Sorrent, erheben sich die Bergketten der Monti Lattari zu imposanter Höhe, hier liegt die »Göttliche Küste« von Amalfi mit ihren Zitrusterrassen und den übereinandergestapelten Häusern von Amalfi und Positano, seit jeher eines der Traumziele Italiens.

WIRTSCHAFT

Die Wirtschaftslage der Golfregion ist alles andere als rosig. In der näheren Umgebung Neapels existieren nur wenige industrielle Großkonzerne, die nur deshalb überlebt haben, weil sie von der römischen Regierung kräftig subventioniert wurden. Etwa 24 % der Bevölkerung sind offiziell arbeitslos, doch ist diese Zahl sicher weit entfernt von der Wirklichkeit. Dennoch arbeiten in Neapel mehr Menschen als anderswo. Sogar Kinder verdienen ihr Brot in der Schattenwirtschaft. In Hinterhöfen und Kellern der Stadt produzieren illegale kleine Fabriken Schuhe, Taschen, Hemden, Handschuhe, Bettwäsche, Schmuck, Stoffe und Verpackungsmaterial. Von der Großmutter bis zum Enkel arbeiten alle mit. Geregelt wird die Schwarzarbeit von einem *gruppista*, meist ein Mittelsmann der Camorra. Er stellt Maschinen und Material bereit, verteilt Aufträge und auch Löhne. Bezahlt wird nicht die Arbeitszeit, sondern ein erbärmlicher Stücklohn. Abnehmer der Ware sind nicht selten namhafte Firmen in Norditalien wie Schuhhersteller.

Mittlerweile gibt es in der Bevölkerung auch Widerstand gegen die Aktivitäten der Camorra. Seit 1995 kämpft die Organisation Libera mit Aufklärungskampagnen gegen das organisierte Verbrechen. Ihre Website www.libera.it informiert über die Aktivitäten (auf Englisch unter www.liberainternational.eu).

Noch immer trennt eine Kluft – etwa in der Höhe von Rom – die Republik in einen reichen Norden und einen armen Süden. 2007 kündigte die damalige Regierung Prodi an, 100 Mrd. Euro Strukturhilfe in den Süden zu investieren und die Anti-Mafia- und Anti-Korruptionspolitik voranzutreiben. Die Umsetzung war schleppend und niemand weiß, wie viel von dem Geld wirklich angekommen ist.

NEAPEL UND DER MÜLL

Regelmäßig für Schlagzeilen sorgt Neapels »Müllnotstand«. Da die Deponien chronisch überlastet sind und die Entsorgung als lukratives Geschäft z. T. in Händen der Camorra liegt, eskaliert die Lage öfters, Unrat brennt in den Straßen. Der Neubau von Deponien stößt auf heftigen Widerstand, deshalb muss der Müll z. T. in andere Regionen und ins Ausland exportiert werden.

GESCHICHTE IM ÜBERBLICK

Um 700 v. Chr. Griechen wandern in Sizilien und Unteritalien ein. Sie gründen die Stadt Cumae und im 6. Jh. v. Chr. die Stadt Neapolis.

Um 340 v. Chr. Neapel wird von Rom nach dreijähriger Belagerung besiegt, behält aber die griechische Sprache und Verfassung.

Um 90 v. Chr. Die Römer verwandeln die Golfregion in eine Villengegend und ein Zentrum griechisch-lateinischer Kultur.

79 n. Chr. Der erste historisch bekannte Vesuvausbruch vernichtet Pompeji und Herculaneum.

476 Untergang Westroms.

536 Neapel fällt unter byzantinische Herrschaft.

763 Stephan II. gründet das langobardische Herzogtum Neapel.

1139 Roger II. erobert Neapel und gliedert es in sein normannisch-sizilianisches Königreich ein.

1194 Der Staufer Heinrich VI. übernimmt das Normannenreich.

Wandschmuck in Herculaneum

1215–1250 Kaiser Friedrich II. regiert von Apulien aus das normannisch-staufische Erbe.

1224 Gründung der ersten weltlichen Universität in Neapel durch Friedrich II.

1265 Papst Klemens IV. belehnt den Franzosen Karl von Anjou mit dem Königreich Sizilien.

1267 Die Hinrichtung des Staufers Konradin durch Karl von Anjou besiegelt den Untergang des normannisch-staufischen Reichs. Neapel wird Hauptstadt.

1282 Nach der »Sizilianischen Vesper«, einem Bürgeraufstand gegen die Herrschaft der Anjou, fällt Sizilien an die Aragonesen.

1442 Alfons V. von Aragon erobert Neapel, vereinigt es wieder mit dem sizilianischen Königreich. Spanische Vizekönige regieren.

17. Jh. Katastrophen in Neapel: 1624 Hungersnot, 1631 Vesuvausbruch, 1647 Fischeraufstand (»Masaniello-Revolte«), 1656 Pestwelle, 1688 Erdbeben.

1712–1735 Infolge des Spanischen Erbfolgekriegs gerät Neapel unter Habsburger-Herrschaft.

1735 Neapel und das süditalienische Königreich fallen an die spanische Linie der Bourbonen.

1806 Napoleon besetzt die Stadt und ernennt seinen Schwager Joachim Murat zum Vizekönig.

1815 Bourbonen beherrschen Neapel und das Königreich beider Sizilien bis zum Einzug von Garibaldis Truppen (7. Sept. 1860).

1861 Eingliederung Neapels in das neue Königreich Italien.
1944 Luftangriffe und der Vesuvausbruch erschüttern Neapel.
1980 Ein Erdbeben im Hinterland Neapels beschädigt auch die Stadt.
1994 Weltwirtschaftsgipfel und UN-Weltkonferenz über organisiertes Verbrechen in Neapel.
2000 Wahl von Antonio Bassolino zum Präsidenten Kampaniens.
2001–20011 Bürgermeisterin Rosa Russo Jervolino (Partito Democratico) führt das Mitte-Links-Bündnis im Stadtrat von Neapel an.
2008 Kampanien startet Projekt für Erhalt der Phlegräischen Felder.
2010 Sozialdemokrat Stefano Caldoro wird Präsident Kampaniens.
2011 Der Liberale Luigi de Magistris wird Bürgermeister in Neapel. Ministerpräsident Berlusconi tritt zurück, Italiens politisches System liegt nach Korruptionsskandalen darnieder.
2012 Die EU-Kommission stellt 105 Mio. Euro zur Sanierung der Welterbestätte Pompeji bereit.
2014 Italiens Regierung genehmigt den Einsatz der Armee gegen die kriminelle Abfallwirtschaft.
2018 Das italienische Regierungsbündnis der rechtspopulistischen Lega Nord und des populistischen, EU-kritischen Movimento 5 Stelle verweigert Schiffen mit aus Seenot geretteten Geflüchteten die Einfahrt in italienische Häfen.

NATURKATASTROPHEN – EINE STÄNDIGE BEDROHUNG

Im Jahr 1980 suchte ein schweres Erdbeben die Region Kampanien heim. Sein Epizentrum lag nahe Avellino, ca. 50 km östlich von Neapel. Man hatte etwa 3100 Tote zu beklagen, mehr als 33 000 Menschen verloren ihr Heim. In Neapel selbst gab es keine Toten, doch wurde die Stadt schwer erschüttert. Der letzte Vesuvausbruch ereignete sich im April 1944, mitten im Krieg. Tagelang regnete es Asche und Steine. Seitdem verhält der Berg sich ruhig, er hat sogar sein berühmtes Rauchfähnchen verloren. Doch Vulkanologen warnen davor, ihn vorzeitig als erloschen zu betrachten; ein erneuter Ausbruch ist durchaus möglich, sogar wahrscheinlich. Von einem solchen Ausbruch wäre das Zentrum Neapels nicht unmittelbar bedroht, wohl aber die Trabantenstädte Torre Annunziata und Torre del Greco; die glühende Lava würde sie in Minutenschnelle erreichen. Das von der Regionalregierung subventionierte Umsiedlungsprogramm »Vesuvia 2012« wird von der Bevölkerung kaum angenommen.

Insgesamt 700 000 Menschen leben in der sog. Todeszone und ihr einziger Schutz bei einer Eruption wie jener von 79 n. Chr. bestünde in rechtzeitiger Evakuierung. Das Vulkanologische Observatorium beobachtet den Vesuv ständig – nur wann muss eine Vorwarnung ergehen? Ein Fehlalarm hätte Massenpanik und Verkehrschaos zur Folge, eine zu späte Warnung wäre aber ebenfalls katastrophal!

NATUR & UMWELT

»Kennst du das Land, wo die Zitronen blühn, im dunklen Laub die Goldorangen glühn?« Goethes Verse sind zum Inbegriff der Sehnsucht nach dem Süden geworden.

Der gesamte südliche Küstenstreifen ist ein einziger Zitronen- und Orangenhain. Leuchtende Bougainvillea rankt sich an den Häusern empor, in den Parks stehen üppige Palmen, und noch die staubigste Straße säumen vielfarbige Oleanderbüsche. In den kleinen Inselgärten und auf den Feldern um den Vesuv gedeiht eine Fülle von Gemüse in der fruchtbaren vulkanischen Erde: Das reichhaltige Angebot der neapolitanischen Märkte zeugt davon.

Die Golfbewohner haben dennoch ein zwiespältiges Verhältnis zur Natur: Einerseits beschenkt sie sie großzügig mit ihren Gaben, andererseits zeigt sie sich gerade im Umfeld des Vesuvs auch als unberechenbare Bedrohung. Plötzlich kann der schlafende Vulkan ausbrechen. Oder die Erde bebt mal wieder. Die Natur spendet und fordert Leben. Ein großes Problem stellt hier allerdings die Umweltverschmutzung dar. Seit vielen Jahren gibt es Bemühungen, aus Neapel eine saubere Stadt zu machen. Doch die Umweltschäden und Verwahrlosungen, die eine jahrzehntelange korrupte Politik verursachte, können nicht von heute auf morgen behoben werden. Ein grelles Schlaglicht auf eins der größten Probleme waren und sind die wiederholten Müllkrisen › S. 35 in Neapel und Kampanien: es fehlen Verwertungssysteme, -anlagen und Deponien sowie ein Müllmanagement ohne Camorra-Einfluss. Aber es gibt auch Lichtblicke: Was vor wenigen Jahren keiner für möglich gehalten hätte – am Stadtstrand von Neapel darf wieder offiziell gebadet werden!

DIE MENSCHEN

Natürlich gibt es auch in Neapel wohlhabende und gut verdienende Bürger, die in traumhaften Terrassenwohnungen hoch über dem Golf residieren. Aber sie sind eine Minderheit. Das Leben vieler Neapolitaner ist weitgehend von Armut geprägt.

Ein Gang durch die engen Gassen des Spanischen Viertels (Quartieri Spagnoli) macht dies für genaue Beobachter sichtbar. Oft leben dort noch Großfamilien in den typischen ebenerdigen Einzimmerwohnungen, den *bassi.* Diese sind meist fensterlos, ihre einzige Öffnung ist die Tür, sodass die Straße notgedrungen zum Lebensraum wird. Eine feste Arbeitsstelle hat hier kaum jemand. Die Menschen leben z. T. immer noch von Gelegenheits- und Heimarbeit. Ein ausgeprägter Familiensinn hält die Sippe zusammen.

Wie in jeder Großstadt ist auch in Neapel, wo die sozialen Probleme besonders krass sind, die Kriminalitätsrate überproportional hoch. Sogar die Neapolitaner warnen die Fremden vor den Taschendieben, die sie selbst als Beleidigung ihrer Gastfreundschaft gegenüber den Touristen empfinden.

VOLKSFRÖMMIGKEIT UND HEILIGENKULT

Eine auffallende Besonderheit der Neapolitaner ist ihre Heiligenverehrung. In beinahe jeder Einzimmerwohnung, sei sie auch noch so eng, steht in der Ecke eine *Madonnina*, oft von Plastikblumen und kleinen Glühbirnchen

DIE MAFIA HEISST HIER CAMORRA

Über den Ursprung des Wortes »Camorra« weiß man nur, dass sich bereits im 19. Jh. clevere und skrupellose Kriminelle erpresserisch ins Geschäftsleben der Stadt Neapel einzumischen begannen. Bis heute stammen hohe Einnahmen der Camorra aus Schutzgeldern, die Geschäftsinhaber an sie entrichten müssen, damit sie von ihr unbehelligt bleiben. Wer nicht zahlt, riskiert Existenz oder gar Leben. Das erpresste Geld wird in illegale Geschäfte investiert: Geldwäsche, Zigarettenschmuggel und Drogenhandel verhalfen der Camorra zu immensem Reichtum. In den letzten Jahrzehnten wuchs sie auf geschätzte 7000 Mitglieder heran, organisiert in über hundert Clans.

In Neapel räumte ab 1993 der damalige Bürgermeister Antonio Bassolino mit den Missständen auf. Seit 2011 bekämpft der aktuelle Bürgermeister und Staatsanwalt Luigi de Magistris die organisierte Kriminalität. Neben Polizeiaktionen versucht Neapels Stadtverwaltung seit den 1990er-Jahren, die Camorra an den Wurzeln zu bekämpfen und investiert in soziale Dienste und Jugendstätten. Ungelöst bleibt jedoch das Problem der hohen Jugendarbeitslosigkeit. Die Polizei hat durchaus Erfolge zu verzeichnen, wie 2009 die Festnahmen der prominenten Camorra-Bosse Giuseppe Bastone und Salvatore Russo, oder im März 2012 mit der Verhaftung von insgesamt 58 Camorra-Mitgliedern und -Kollaborateuren. Doch macht Neapel auch immer wieder Negativschlagzeilen mit Camorra-Morden.

BUCH-TIPP:

»Gomorrha« heißt der packende Reportage-Roman des neapolitanischen Autors **Roberto Saviano.** Das Buch (dtv, 2009) gewährt detaillierte Einblicke in die Machenschaften der Camorra und wurde 2007 verfilmt. Eine TV-Serie startete 2014. In einem weiteren Buch »Der Kampf geht weiter« (Hanser, 2012) beschreibt Saviano engagiert u. a. die Hintergründe des Müllskandals in Neapel und die Aushöhlung des italienischen Rechtsstaates.

Die Heiligenverehrung hat einen hohen Stellenwert in Neapel

umrankt. Sie beschützt die Familie, man betet zu ihr, etwa wenn der Großmutter eine Herzoperation bevorsteht oder dem Familienoberhaupt der Verlust seines Arbeitsplatzes droht.

Oftmals ist die *Madonnina* von der Fülle und Schwere der an sie herangetragenen Fürbitten überfordert; dann wendet man sich an einen der mächtigen Heiligen in den Kirchen – es gibt ihrer unzählige. Allen voran steht San Gennaro, dessen geronnenes Blut (in zwei Phiolen im Dom) sich dreimal im Jahr verflüssigt. Viele Neapolitaner glauben felsenfest an die Wundertätigkeit der Heiligen. Auch so mancher Aberglaube ist im Alltag präsent, so etwa die Legende vom *Munaciello,* der u. a. Dinge plötzlich verschwinden lassen kann, oder die Angst vor dem bösen Blick.

KUNST & KULTUR

Am Golf von Neapel läuft das Leben nicht auf Sparflamme – hier hat man ein Faible für große Inszenierungen, ausgelassene Feste, überschwänglichen Genuss. Beweise dafür finden sich auf Schritt und Tritt in Archäologischen Stätten, Kirchen, Palästen und Museen.

DIE ANTIKE

An kaum einem Ort kann man die Antike besser studieren als am Golf von Neapel. Bei dem katastrophalen Ausbruch des Vesuvs im Jahr 79 n. Chr. wurden die Städte Pompeji und Herculaneum von Asche und Lava verschüttet und damit für die Nachwelt konserviert. Bis ins Detail hinein lässt sich heute das Alltagsleben der Bewohner vor 2000 Jahren verfolgen. Ein wirkliches Begreifen stellt sich allerdings erst im Archäologischen Nationalmuseum in Neapel ein: Dort werden die wertvollsten Funde aus den verschütteten Städten aufbewahrt – vor allem die Fresken, die als ein Höhepunkt der römischen Malerei gelten.

MITTELALTER UND RENAISSANCE

Erst das späte Mittelalter und die Renaissance hinterließen in Neapel reichhaltige Spuren. Am reinsten erhalten sind die gotischen Kirchen San Lorenzo Maggiore und Santa Croce, in denen sich die Könige des Hauses Anjou in prachtvoll geschmückten Gräbern beisetzen ließen. Im wuchtigen Castel Nuovo mit seinem Triumphportal, einer Art Wahrzeichen Neapels, verschmelzen Spätantike und Renaissance. Ein Kleinod ist die Kirche Sant'Anna dei Lombardi, die mit ihrer Ausstattung einem Renaissancemuseum gleicht.

BAROCK UND ROKOKO

Dem neapolitanischen Gemüt entspricht noch heute der Barockstil. In den Kirchen drückt er sich düster und prunkvoll aus. Ein Juwel sowohl der barocken Kirchenarchitektur als auch für die magiegläubigen Neapolitaner ist die Domkapelle des hl. Gennaro, in der sich alljährlich das berühmte Blutwunder ereignet. Ein weiteres Prunkstück ist San Gregorio Armeno. Fast alle älteren Kirchen wurden zur Barockzeit erweitert und umgestaltet: Eine Schule von talentierten Künstlern (Caravaggio, Domenichino, Caracciolo, Ribera, Giordano u. a.) bemalte Decken, Wände und Kapellen. Doch nicht nur die Kirchen, ganz Neapel und Umgebung wurde vom Barockfieber erfasst. Stuck, Marmor und vor allem glasierte, teils auch bemalte Majolika – ein in der Golfregion weit verbreitetes Kunsthandwerk – verliehen den älteren Bauten ein völlig neues Aussehen. Zur Zeit des Rokoko entstand die berühmte Porzellanmanufaktur von Capodimonte, die den prachtliebenden Hof der Bourbonenkönige belieferte. Kaum weniger berühmt sind die neapolitanischen Krippen, eine Miniaturwelt von unglaublicher Kunstfertigkeit; sie verdanken dem späten 17. Jh. ihre unverwechselbare Eigenart.

KULTURSTADT MIT NIVEAU

Antonio Bassolino gelang es während seiner Amtszeit als Bürgermeister (1993–2001) durch die Kulturpolitik, Neapel wieder zu einem interessanten Reiseziel und zu einer lebenswerten Stadt zu machen. Wesentlichen Anteil hatten die Restaurierungen. Eines der schönsten Gebäude des 19. Jhs. ist der Glaskuppelbau der Galleria Umberto. Im Teatro San Carlo, an dem die Opern von Rossini, Bellini und Verdi uraufgeführt wurden, zeigt sich Neapels hervorragende Musiktradition. Neuere gesellschaftliche Entwicklungen greifen die Produktionen der *Compagnia del Teatro Umoristico* auf, die der Dramatiker Eduardo de Filippo ins Leben rief. Philosophie genießt seit dem 16. Jh. einen hohen Stellenwert. Hier lehrten Giordano Bruno, Tommaso Campanella (beide um 1600) und Benedetto Croce (1866–1952).

BUCH-TIPP:

Luciano De Crescenzo blickt in seinem ebenso amüsanten wie ironischen Buch »Also sprach Bellavista« tief in die Seele der Neapolitaner (Diogenes, 1988).

FESTE & VERANSTALTUNGEN

NEAPEL

1. Maisonntag, 19. Sept. und **16. Dez.:** Das **Blutwunder des hl. Gennaro** ist das wichtigste neapolitanische Fest mit farbenfrohen Prozessionen. An diesen Tagen verflüssigt sich das in kristallenen Phiolen aufbewahrte Blut des frühchristlichen Märtyrers und Schutzpatrons der Stadt.

Mai: Maggio dei Monumenti. An den Wochenenden im Mai öffnen sich in Neapel die Türen zu vielen sonst nicht zugänglichen Kunstschätzen.

Juni: Festa di Sant'Andrea, am 27. Juni und 30. Nov. wird in Amalfi der Patron der Fischer gefeiert.

20. bis 23. Juni: Festa dei Gigli in Nola. Das Fest im neapolitanischen Hinterland geht auf das Jahr 431 zurück. Junge Männer schleppen geschmückte, 20–30 m hohe Holzobelisken *(gigli/guglie)* in einer festlichen Prozession durch die Straßen.

16. Juli: Festa della Madonna del Carmine mit großem Feuerwerk.

Karfreitagsumzug auf Procida

KÜSTENORTE UND INSELN

Auch auf den Inseln und in den Küstenorten feiert man rund um das Jahr Feste.

1. Jan.: Auf **Capri** begleitet man den **Neujahrsumzug** mit Musik auf historischen Musikinstrumenten.

Karfreitag: Karfreitagsprozession in **Ponte** auf **Ischia.** Auf **Procida** ist der **Karfreitagsumzug** in den traditionellen Kapuzenkostümen ein Erlebnis.

14. Mai: Die **Festa di San Costanzo** huldigt dem Schutzpatron **Capris** mit einer Prozession.

17. Mai: Fest der Santa Restituta in **Lacco Ameno** auf **Ischia,** mit prächtiger Bootsprozession.

24. Juni: Patronatsfest in **Buonopane** auf **Ischia,** bei dem die *La'ndrezzata* › **S. 114** aufgeführt wird. Es ist ein der Tarantella verwandter Männertanz.

Juni: Alle vier Jahre (das nächste Mal 2020) feiert **Amalfi** die **Regata storica,** ein Bootsfest in historischen Kostümen, mit dem Amalfis großer Zeit als Seerepublik gedacht wird.

26. Juli: Sant'Anna-Fest in **Ponte** auf **Ischia.** Es wird begleitet von einer farbenfrohen Bootsprozession mit Blumenkorso und Feuerwerk.

Juli/August: Beim **Ravello Festival,** das 1953 zu in Erinnerung an den Besuch Richard Wagners 1880 gegründet wurde, finden in der Villa Rufolo und in ihrem Garten sowie im Oscar-Niemeyer-Auditorium Klassikkonzerte, Ballett-, Opernaufführungen aber auch Perfomances mit international renommierten Künstlern statt › **S. 130.**

15. Aug.: Bei der **Festa dell' Assunta** zelebriert **Positano** seine Schutzheilige mit Bootsprozession und Feuerwerk.

ESSEN & TRINKEN

Ein Gang durch die Altstadt Neapels kommt einem Frontalangriff auf alle Sinne gleich – inklusive der Nase. An allen Ecken wird hier frittiert und gebrutzelt: Reisbällchen, Teigtaschen mit Mozzarella, Fleischstückchen, Gemüsehäppchen, Tintenfischringe.

Nicht zu vergessen die allgegenwärtige Pizza, die zu jeder Tages- und Nachtzeit verzehrt wird (auch als frittierte Variante, *pizza fritta*). Feilgeboten werden die Leckereien meist an Straßenständen *(frigitorie)*.

In Neapel satt zu werden, ist also auch für Leute mit kleinem Geldbeutel kein Problem. Das Angebot an Restaurants und Trattorien lässt in der ganzen Golfregion kaum Wünsche offen. Preislich gibt es zwei Klassen: eine mit hohen und eine mit moderaten Preisen. Die erste Kategorie bietet Kochkunst für Feinschmecker, die zweite, der sich auch die früheren Bauernlokale zugesellen, serviert gute neapolitanische Hausmannskost.

VORSPEISEN UND ERSTER GANG

Das Menü beginnt mit einem **Antipasto** (Vorspeise), der aus Meeresfrüchtesalaten, frittiertem oder mit Öl und Zitrone beträufeltem Gemüse bestehen kann. Eine Spezialität ist die *mozzarella di bufala,* ein in Salzlake eingelegter Büffelmozzarella, der zusammen mit frischen Tomaten und Basilikum die *insalata caprese* ergibt. Oder man wählt eine einfache *bruschetta* (geröstetes Weißbrot mit einer Paste aus Knoblauch und Tomaten bestrichen).

Danach folgt der **Primo** (erster Gang), in der Regel ein Nudelgericht *(pasta)*. Besonders beliebt sind die *vermicelli alle vongole* (dickere Spaghetti mit Venusmuscheln). Wer ein typisch neapolitanisches Gericht probieren will, wählt *spaghetti alla puttanesca* mit Sardellen und scharfen Peperoncini oder *pasta con fagioli* (Nudeln mit Bohnen). Aber auch mit *maccheroni al ragù,* langen, dicken Nudeln mit Schmorfleischsoße, ist man gut beraten. An

PIZZA IN NEAPEL

- Im **Bellini** gibt es nicht nur köstliche Pizza, sondern auch Fisch- und Nudelgerichte › S. 62.
- Die Pizzen und die Marinara (Tomatensoße) von **Michele** sind unübertroffen › S. 62.
- Tische und Straßenverkauf, bei der **Antica Pizzeria e Friggitoria di Matteo** versteht man sein Handwerk › S. 62.
- Im **Brandi** wurde 1889 für die italienische Königin Margherita die gleichnamige Pizza erfunden › S. 62.
- Im **Trianon** sind sowohl Auswahl als auch der Geschmack der Pizzen großartig › S. 62.

Pasta schmeckt am besten hausgemacht und handgeknetet

die Stelle der Nudeln im ersten Gang kann allerdings auch eine *minestra* (Suppe) treten, etwa die reichhaltige *maritata napoletana* mit Schweinefleisch sowie viel Gemüse, darunter Broccoli, Wirsing, Endivie und Karotten. Besonders gern wird die neapolitanische Variante der Hochzeitsuppe an Festtagen und im Winter gegessen.

ZWEITER GANG UND NACHSPEISEN

Der **Secondo** (zweite Gang) besteht aus Fisch oder Fleisch. In Neapel mischt man gern beides und frittiert es zusammen mit verschiedenen Gemüsesorten *(fritto misto)*. Rezepte für Innereien *(frattaglie)* von Schwein und Rind oder Fischgerichte aus kleinem Meeresgetier stammen aus der sogenannten Armeleuteküche, die inzwischen die Speisekarten auch feiner Restuarants bereichert. Edlere Teile von Fisch und Fleisch kommen ebenso auf den Tisch, entweder gebraten oder mit diversen Soßen, deren Zutaten wahlweise aus Olivenöl, Knoblauch, Tomaten, Oliven, Kapern oder Sardellen bestehen. Auf Ischia empfiehlt es sich, eines der Kaninchengerichte zu probieren. Die Spezialität der Insel ist *coniglio all'ischitana*, Kaninchenschmorbraten in einer feinen Tomaten-Weißwein-Soße, mit Knoblauch und Pfefferschote abgeschmeckt.

Fischesser kommen am Golf von Neapel überall auf ihre Kosten. Da der Golf jedoch völlig überfischt ist, stammen die Fische zum großen Teil aus entfernteren Gewässern um Sardinien und Sizilien. Was man sich auf keinen Fall entgehen lassen sollte, ist eine gegrillte Scheibe vom Schwertfisch *(pesce spada)* oder die klassische *zuppa di pesce* (Fischsuppe). Spezialität auf Ischia ist *pezzogno all' acqua pazza*, in einem Sugo aus Olivenöl, Knoblauch, Tomaten und Petersilie gedünsteter Fisch.

Den Abschluss des Menüs bildet eine Süßspeise. Die neapolitanischen **Dolci** sind jedoch meist so schwer und süß, dass man sie besser außerhalb der Mahlzeiten genießt. Zudem werden sie in den *pasticcerie* und Bars meist in besserer Qualität als im Restaurant angeboten.

WEINE – DIE BERAUSCHENDEN TRÄNEN DES VESUVS

Lacryma Christi, die Träne Christi, so heißt ein berühmter Wein, der an den Hängen des Vesuvs gedeiht. Es gibt ihn in einer trockenen Variante und einer süßen als Likörwein. > mehr S. 14 Punkt ⓯ Die Region zählt wegen der geringen Produktion nicht zu den großen Weingebieten Italiens. So werden die Inselweine, vor allem der weiße Capri-Wein, zwar sehr geschätzt, aber nur in den Restaurants angeboten. Beliebte Tropfen sind ferner der schwere rote Falerno, den angeblich schon die alten Römer tranken, der weiße herb-aromatische Greco di Tufo, der Asprino, ein moussierender Weißwein, und die Weine von Ravello (Gran Caruso, San Marco).

SHOPPING

Neben den Märkten > S. 64 **gibt es in Neapel reichlich Gelegenheiten zum Einkaufsbummel, denn die Stadt ist eine gute Adresse für Bekleidung, Schuhe und Lederwaren.**

Neapels Shoppingmeile, die Via Toledo, wartet mit vielen Modeboutiquen und der schönen Einkaufspassage Galleria Umberto I auf. Die exklusivsten Geschäfte, vor allem Designerboutiquen, sind in der Via Chiaia und Via dei Mille angesiedelt. Auch Kunsthandwerk kann man in Neapel gut erstehen, etwa neapolitanische Masken, traditionelle Glücksbringer, Keramik, Veduten und alte Stiche. Eine Besonderheit sind die Weihnachtskrippen und Krippenfiguren, die in der Via San Gregorio Armeno das ganze Jahr über in reizvoller Atmosphäre präsentiert werden.

Zu den beliebten Souvenirs einer Reise am Golf von Neapel zählen die Keramikprodukte, etwa von der Insel Ischia oder aus Vietri sul mare > S. 133. Kulinarisches Mitbringsel ist neben Olivenöl der Limoncello vom Golf von Neapel und der Amalfiküste. Der Zitronenlikör ist gekühlt ein beliebter Dessertlikör, mit Tonicwater verdünnt ein erfrischendes Getränk oder eine Zutat z. B. für Zitronentiramisù. Hochwertiges Olivenöl bringt man von der Sorrentinischen Halbinsel oder aus dem Cilento mit. Etwas verderblicher ist der originale Büffelmozzarella oder der Caciocavallo, ein Mischkäse aus Kuh- und Ziegenmilch. Auf vulkanischem Boden gedeihen die Trauben des bekannten Vesuvweins *Lacryma Christi del Vesuvio*. Capri und Ischia bringen gute Weine hervor.

Ein Spaziergang durch die antike Stadt Pompeji führt zum großen Theater

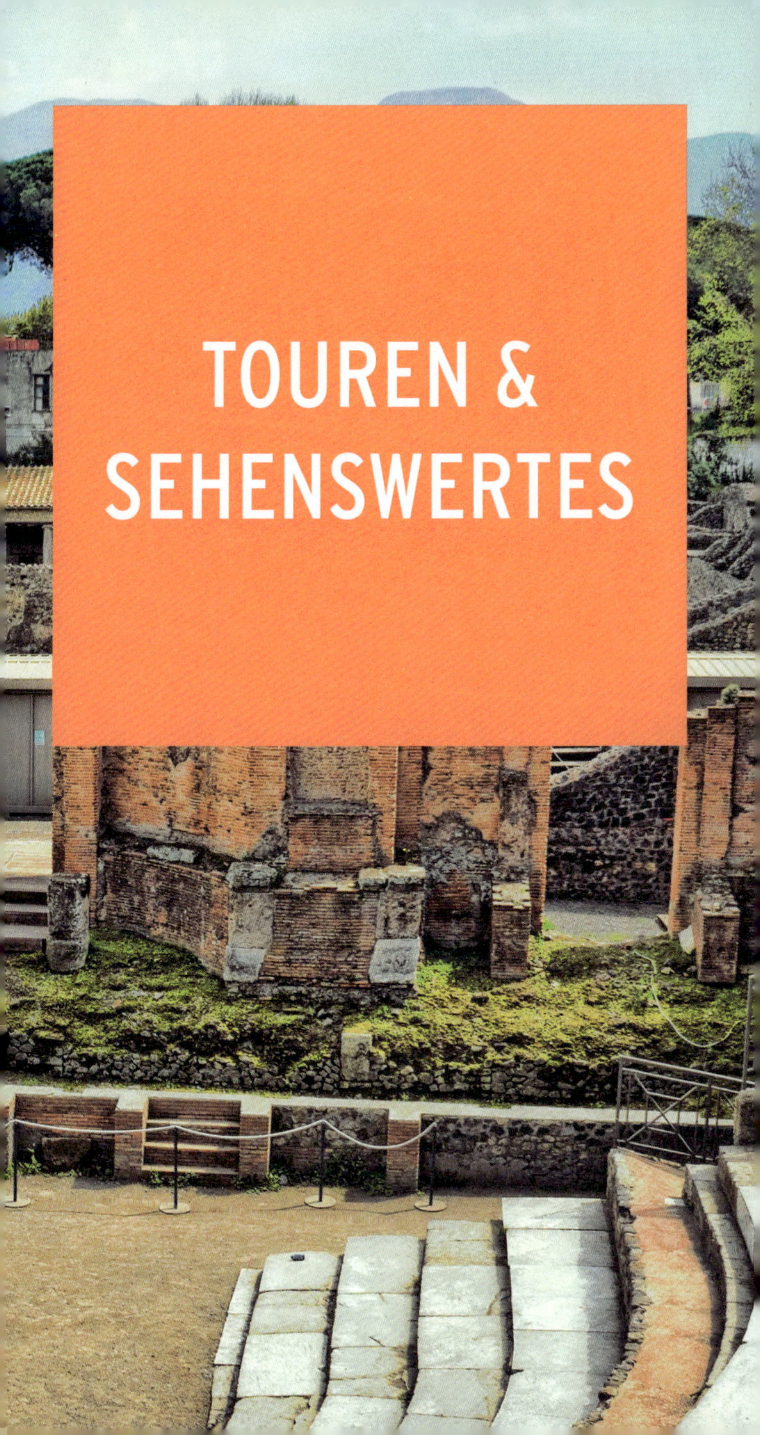

TOUREN & SEHENSWERTES

NEAPEL

Das Angebot an Nudeln erfreut sich großer Nachfrage

Mit knapp 1 Mio. Einwohnern ist die Hauptstadt Kampaniens drittgrößte Stadt Italiens. In traumhafter Lage am Golf, mit uralter Geschichte zu Füßen des Vesuvs ist ihr historisches Zentrum UNESCO-Weltkulturerbe.

Soweit die nüchternen Tatsachen, doch Neapel ist noch viel mehr: vor allem unglaublich intensiv, mitreißend, anstrengend, faszinierend und mit einem chaotischen Innenleben, das man als Besucher nur ansatzweise erahnt.

Wer sich zum ersten Mal unvoreingenommen in die engen Gassen der Altstadt stürzt, kommt aus dem Staunen nicht mehr heraus und kann sich nur noch treiben lassen. Winzige Läden, Wohnungen ohne Tageslicht, Gassen und Häuser in allen Stadien der Verwahrlosung und dazwischen immer wieder wunderschöne Kirchen mit opulenter Ausstattung, Meisterwerke der Baukunst. Unweigerlich wird man sich alsbald darüber wundern, was alles menschenmöglich ist, und darüber, dass Neapel dennoch eine Weltstadt ist. Es existiert eine traditionsreiche und sorgsam gepflegte Kultur, Museen von Weltruf wie das Museo Archeologico Nazionale oder das Museo Nazionale di Capodimonte zeigen dies sehr eindrücklich. Die unglaubliche Altstadt ist nur eine Facette Neapels. Prunkvolle Bauwerke wie Castel Nuovo, Palazzo Reale, Teatro San Carlo, Galleria Umberto oder Castel dell'Ovo lassen erahnen, dass die Stadt einst eine Metropole des Südens war. Der Blick vom Vomero zeigt die Zukunft Neapels: Die Stadt breitet sich hemmungslos in alle Richtungen aus, Viertel mit Banken, Hotel- und Bürobauten kosmopolitischen Zuschnitts sind entstanden, aber auch dicht gedrängte Schlafstädte.

CAMPANIA ARTECARD

Die Campania Artecard schließt neben vergünstigtem Museumseintritt z. T. die kostenfreie Benutzung der öffentlichen Verkehrsmittel ein. Es gibt sie für Neapel (3 Tage) und die gesamte Region (3 und 7 Tage). Infos www.campaniartecard.it.

Freundlicher Wächter vor der Basilica San Francesco di Paola

UNTERWEGS IN NEAPEL

TOUR 1

VON DER SPACCANAPOLI ZU DEN MUSEEN

VERLAUF: Via Toledo > Spaccanapoli > Via dei Tribunali > Dom San Gennaro > Piazza Bellini > Museo Archeologico Nazionale > Museo Nazionale di Capodimonte

KARTE: Seite 52
DAUER: 1 Tag
PRAKTISCHE HINWEISE:

- Für diesen langen Stadtspaziergang brauchen Sie bequeme Schuhe und gutes Stehvermögen.
- In den beiden schönsten Museen Neapels kann man problemlos einen ganzen Tag verbringen.
- Im Gedränge der Altstadtgassen sollte man gut auf seine Handtasche achten und teuren Schmuck am besten im Hotel lassen.

TOUR-START: SANT'ANNA DEI LOMBARDI 1 e3

Der Spaziergang beginnt an der **Via Toledo**, der wichtigsten Einkaufsstraße Neapels. Gleich in der Nähe steht die Renaissancekirche Sant' Anna dei Lombardi, die wegen der Fülle ihrer Skulpturen und Gemälde wie ein Museum behandelt wird. Beeindruckend sind die »Beweinung Christi« mit acht lebensgroßen Terrakottafiguren sowie die perspektivischen Holzintarsien in der Sakristei (Piazza Monteoliveto 4, Kirche Mo–Fr 8.30–19, Sa 9–13, So 8–13 und 15–19, Sakristei Mo bis Sa 9.30–18.30 Uhr).

SPACCANAPOLI d3–e/f2

Etwa auf halber Höhe der Via Toledo zweigt rechts eine schmale Straßenschlucht ab, die in Neapel Spaccanapoli genannt wird. Auf dem Stadtplan trägt sie andere Namen (hintereinander Via P. Scura, Via Maddaloni, Via B. Croce, Via S. Biagio dei Librai, Via Vicaria Vecchia). Die Bezeichnung *Spaccanapoli* (»spaltet Neapel«) ist treffend, denn die Straße zerschneidet die Altstadt in ihrer ganzen west-östlichen Länge. Sie entspricht der unteren Hauptquerstraße *(Decumanus)* der griechisch-römischen Stadt Neapolis. Mit der parallel verlaufenden Via dei Tribunali (ebenfalls ein antiker *Decumanus*) ist sie eine der chaotischsten und erstaunlichsten Straßen nicht nur Neapels. Überlassen Sie sich dem Sog dieser Straße, die auch von einigen beachtlichen Kirchen gesäumt wird. > mehr S. 14 Punkt 14 und S. 16 Punkt 28

SANTA CHIARA 2 e2

Gleich hinter der Abzweigung von der Via Toledo steht die gotische Kirche Santa Chiara. Schon beim Eintritt strahlt der gotische Kirchenraum eine feierliche Wirkung aus. Er ist die Grabstätte der Königsfamilie von Anjou, die Neapel im 13. Jh. beherrschte. In beinahe jeder Seitenkapelle liegt ein Familienmitglieder in einem kostbaren gotischen Sarkophag. Die wichtigsten Grabdenkmäler aber sind die von König Robert dem Weisen und seinen engsten Angehörigen. Das Grabmal König Roberts – er ist der Begründer der ab 1310 entstandenen Kirche – ist besonders prächtig (Via S. Chiara 49, tgl. 7.30–13 und 16.30–20 Uhr).

Von einer kleinen Seitenstraße links neben der Kirche hat man Zutritt zum **Majolikakreuzgang.** Er gehört zum Bezauberndsten, was Neapel zu bieten hat. Den stillen grünen Garten des Kreuzgangs umgeben niedrige Mäuerchen mit Sitzbänken und Säulen, die mit bunten Majoliken verkleidet sind. Eine Fülle spätbarocker Miniaturmalereien ist darauf verewigt: Landschaften, Pulcinella- sowie Jagd-, Fischerei-, Spiel- und Tanzszenen (Mo–Sa 9.30–17.30, So 10–14.30 Uhr).

PIAZZA DEL GESÙ e2

An der Piazza del Gesù erhebt sich die Kirche **Gesù Nuovo** aus dem 16. Jh. Hinter der trutzigen Diamantquaderfassade verbirgt sich im Innern barocke Pracht. Inmitten der Piazza ragt die **Guglia dell'Immacolata** empor. Die Rokoko-Mariensäule ist ein Wahrzeichen der Stadt. Von hier aus blickt man die fast 2 km lange Spaccanapoli hinunter, die Straße der Händler, die sich in Zunftgruppen zusammengeschart haben: Silberschmiede, Krippenmacher, Buchhändler …

CAPPELLA SANSEVERO 3 e2

Die 1590 entstandene Grabkapelle der Familie Sagro-Sansevero, heute ein Museum, birgt höchst merkwürdige Werke, bei denen angeblich der alchemistisch tätige Prinz San-

Der bezaubernde Majolikakreuzgang von Santa Chiara

Montedonzelli
Materdei
Via M. R. Imbriani
Via Giacinto Gigante
Via Pietro Castellino
P.za Fr. Muzii
Via G. Orsi
V. De Vito Piscicelli
Via B. Caracciolo
Via Salv. Rosa
Via Salvatore Rosa
P.za Medaglie d'Oro
P.za dell' Immacolata
Salvator Rossa
Medaglie d'Oro
Via Ruoppolo
Via M. Fiore
P.za Leonardo
Via G. Santacroce
Via Michelangelo
Emanuele
S. Maria di Montesanto
P.za d. Artisti
Viale
Montesanto
Quattro Giornate
Stazione Cumana
VOMERO
Via Luca Giordano
Via G. L. Bernini
Via Tito Angelini
Funicolare di Montesanto
Via P. Scura
Via R. Morghen
Piazza Vanvitelli
Via F. Cilea
Via A. Scarlatti
Staz.
18
Castel S. Elmo
Vanvitelli
19
Via D. Cimarosa
Staz.
Staz.
Vittorio
Via Aniello Falcone
20
2
Funicolare Centrale
1
Funicolare Chiaia
Corso
Museo Naz. d. Ceramica
Emanuele
Staz.
Amadeo
Via Parco Margherita
Via Tasso
Vittorio
Piazza Amedeo
Via Vitt. Colonna
Via dei Mille
Corso
Via F. Crispi
2
Via Chiaia
Piazza dei Martiri
V. Solitaria
Tunnel della Vittoria
V. Morelli
Riviera di Chiaia
21
Riviera di Chiaia
22
21
Piazza Vittoria
Piazza della Repubblica
Via F. Caracciolo
2
Via Partenope
Mergellina
0
400 m
N

TOUREN IN NEAPEL

TOUR 1

VON DER SPACCANAPOLI ZU DEN MUSEEN

1 Sant'Anna dei Lombardi
2 Santa Chiara
3 Cappella Sansevero
4 San Gregorio Armeno
5 Monte di Pietà
6 Porta Capuana
7 Dom San Gennaro
8 San Lorenzo Maggiore
9 Napoli sotterranea
10 Piazza Bellini
11 Museo Archeologico Nazionale
12 Museo Nazionale di Capodimonte
13 Catacombe di San Gennaro

TOUR 2

VOM CASTEL NUOVO ZUM CASTEL DELL'OVO

14 Castel Nuovo
15 Palazzo Reale
16 Teatro San Carlo
17 Galleria Umberto I
18 Castel Sant'Elmo
19 Certosa di San Martino
20 Villa Floridiana
21 Villa Comunale
22 Stazione Zoologica Anton Dohrn
23 Castel dell'Ovo

severo die Hand im Spiel gehabt haben soll. Von den barocken Marmorstatuen ist der in der Mitte des Raumes liegende »Cristo velato« am erstaunlichsten: Ein marmorner Schleier, so durchsichtig wie Musselin, bedeckt die Statue, die der Bildhauer Giuseppe Sammartino geschaffen hat. Eine Wendeltreppe führt in den Keller der Kapelle mit zwei ungewöhnlichen Figuren: die nur aus versteinertem Aderngeflecht bestehenden Gestalten eines Mannes und einer schwangeren Frau, in deren Bauch der Kopf des Kindes zu erkennen ist (Via F. De Sanctis 19, Mi–Mo 9–19 Uhr, Eintritt 7 €, erm. 5 €).

VIA SAN GREGORIO ARMENO 1 f2

Von der im 18. und 19. Jh. blühenden Krippenindustrie Neapels sind heute noch ein Dutzend Werkstätten in der Via San Gregorio Armeno (die zur Kirche San Gregorio Armeno führt) geblieben. Zu den volkstümlichen *pastori* – alle Krippenfiguren heißen Hirten – aus Ton und Gips haben sich inzwischen Figuren des Fußballgottes Diego Maradona, der den SSC Napoli zu seinen größten Erfolgen führte, und des Exbürgermeisters Bassolino gesellt. Der Verkauf läuft das ganze Jahr, aber am stimmungsvollsten sind die Wochen vor Weihnachten.

Ungemein prachtvoll ist der Innenraum der Barockkirche **San Gregorio Armeno** 4 ausgestattet. Das sog. Paradies auf Erden wirkt auch heute immer noch atemberaubend. Das Gotteshaus gehört zu einem Benediktinerinnenkloster, in dem einst Neapels Adelsfamilien ihre Töchter unterbrachten (Via San Gregorio Armeno 1, Mo–Fr 9–12, Sa/So bis 13 Uhr).

NEAPELS ANFÄNGE UND SCHICKSALSJAHRE

Die Anfänge Neapels liegen im Mythischen: In griechischer Vorzeit – so eine Legende – stürzte sich die Sirene Parthenope, da sie Odysseus nicht hatte bezwingen können, aus Verzweiflung ins Meer. Wo heute das Castell dell'Ovo aufragt, errichteten griechische Siedler aus Rhodos der hier an Land gespülten Halbgöttin einen Altar. Neapels gesicherte Geschichte beginnt mit der cumäischen Gründung der Neapolis (»Neue Stadt«) im 6. Jh. v. Chr., die an der Stelle der heutigen Altstadt entstand. Im 4. Jh. v. Chr. mussten sich die Griechen der Übermacht der Römer ergeben. Nach der Herrschaft der Byzantiner erklärte 763 Stephan II. die Stadt zum Herzogtum, das bis 1139 bestand und Neapel seine Blütezeit bescherte. Es unterstand in den folgenden Jahrhunderten verschiedenen Herrscherhäusern. Im 17. Jh. suchten Hungersnot, Vesuvausbruch, Bürgerkrieg, Pestepidemie und Erdbeben Neapel heim. Bis 1861 zählten die Bourbonen das »Königreich beider Sizilien« zu ihrem Machtbereich. Mit der Einigung Italiens endete Neapels Schicksal als spanische Provinz.

MONTE DI PIETÀ 5 f2

Rings um die Pfandleihanstalt haben sich **Gold- und Silberschmiede** niedergelassen. Hier kann man günstig Schmuck erstehen. Die Auslagen sind gespickt mit silbernen Miniaturkörperteilen: Devotionalien, die nach überstandener Krankheit oder Operation dem Lieblingsheiligen verehrt werden.

PORTA CAPUANA 6 g1

Hinter der Via Duomo führt die Spaccanapoli etwa 200 m durch das kleine, sehr volksnahe **Forcella-Viertel** bis zur Via Pietro Colletta. Folgt man dieser, kommt man zum Castel Capuano und zur Porta Capuana, die als eines der schönsten Stadttore Italiens gilt. Die klassisch-elegante Torverkleidung an der Außenseite zwischen den beiden wuchtigen Wehrtürmen ist ein Werk des Baumeisters Giuliano da Maiano.

DUOMO SAN GENNARO 7 f1

Parallel zur Spaccanapoli führt die Via dei Tribunali zurück. Man gelangt zur nahen Via del Duomo mit dem Dom San Gennaro. Er ist das wichtigste Gotteshaus Neapels. Im 19. Jh. wurde seine Fassade vollständig restauriert. In der Mitte des rechten Seitenschiffs liegt die **Cappella di San Gennaro:** In der prachtvoll barock ausgestatteten Seitenkapelle vollzieht sich alljährlich das »Blutwunder«, bei dem sich das in zwei kristallenen Phiolen aufbewahrte Blut des hl. Gennaro, des obersten Schutzpatrons Neapels, verflüssigt. › mehr S. 12 Punkt 4

Dem Dom angegliedert ist das älteste Gotteshaus Neapels, die **Basilica di Santa Restituta.** Ein Kleinod ist das dahinter liegende **Baptisterium,** das frühchristliche Mosaiken aus dem 4. Jh. und ein antikes Taufbecken bewahrt (Via Duomo 147, Mo–Sa 8.30–13.30 und 14.30–19.30, So 8–13 und 16.30 bis 19.30 Uhr).

MADRE NAPOLI f1

Hinter dem Baptisterium des Doms zeigt das Museum Madre (Museo d'Arte Contemporanea Donna Regina) hochkarätige zeitgenössische Kunst (Via Settembrini 79, www.madrenapoli.it, Mi–Mo 10–19.30, So bis 20 Uhr).

SAN LORENZO MAGGIORE 8 f2

Zurück am Dom, führt von hier die belebte und volkstümliche Via dei Tribunali mit ihren Marktständen zur Piazza Dante. Linker Hand liegt die schönste gotische Kirche der Stadt, San Lorenzo Maggiore: reine provenzalische Gotik in gelbem Tuffstein. Im Kreuzgang ist der Eingang zum **Complesso Archeologico,** wo man unter dem heutigen Straßenniveau über den antiken Marktplatz läuft (Piazza San Gaetano 316).

NAPOLI SOTTERRANEA 9 2 f2

Blaue Flaggen in der Via dei Tribunali weisen auf das unterirdische Neapel hin. Eine Treppe führt 30 m tief unter die Erde. Griechen und Römer legten hier Aquädukte zur städtischen Wasserversorgung an, als Baumaterial diente Tuffstein aus der Region. Während der Kriege boten die unterirdischen Gänge den Menschen Schutz (Piazza San Gaetano 68, Tel. 081 29 69 44, www.napolisotterranea.org, Führungen in Englisch tgl. 10, 12, 14, 16, 18 Uhr, in Deutsch nach Voranmeldung).

PIAZZA BELLINI 10 e2

Die Piazza Bellini ist das junge Zentrum der Altstadt und Symbol für den kulturellen Aufbruch. In seiner Mitte erhebt sich das Standbild des sizilianischen Opernkomponisten Vincenzo Bellini (1801–1835), der in Neapel am Koservatorium San Sebastian studierte.

NEAPELS SCHÖNSTE KIRCHEN

- In der Kirche **Santa Chiara** liegen zahlreiche Könige und Adlige in reich geschmückten Kapellen begraben > **S. 50.**
- **Gesù Nuovo** war einst die Kirche der Jesuiten und verfügt über eine prächtige Barockausstattung > **S. 51.**
- Die opulente Barockkirche **San Gregorio Armeno** besitzt einen ruhigen Klostergarten > **S. 54.**
- Der **Duomo San Gennaro** ist die wichtigste Kirche der Stadt und Schauplatz des Blutwunders > **S. 55.**
- **San Lorenzo Maggiore** ist eine sehenswerte Kirche im Stil der französischen Gotik > **S. 55.**

ZWISCHENSTOPP: CAFÉ

Intra Moenia 1 € e2

Im *caffè letterario* kann man bei einem Cappuccino entspannt in Neapel-Büchern schmökern.

- Piazza Bellini 70 | Napoli
  www.intramoenia.it

MUSEO ARCHEOLOGICO NAZIONALE 11 3 e1

Von der Piazza Dante folgt man nun der Via E. Pessina in nördlicher Richtung und gelangt schließlich zum Archäologischen Nationalmuseum, das eine der bedeutendsten Sammlungen antiker Kunst in Europa enthält.

Im Erdgeschoss wird die **Sammlung Farnese** aufbewahrt, unter den antiken Marmorstatuen sind einzigartige Exponate wie der »Farnesische Stier« oder der »Herkules Farnese«. Die Statuen, die ursprünglich aus den Caracallathermen in Rom stammen, gingen im 18. Jh. durch Erbschaft ans neapolitanische Herrscherhaus der Bourbonen über.

Im ersten Obergeschoss sind Wandmalereien aus den verschütteten Vesuvstädten ausgestellt. Wer Pompeji oder Herculaneum besucht hat, kann nun die vier pompejischen Stile > S. 89 miteinander vergleichen. Herausragend sind auch die ausgestellten **Mosaiken.** Am berühmtesten ist die »Alexanderschlacht« aus dem Haus des Fauns in Pompeji. Weitere Glanzlichter setzen wundervolle Stillleben, Tierdarstellungen, Allegorien und Theaterszenen sowie schöne mosaizierte Säulen (Piazza Museo 19, www.

museoarcheologiconapoli.it, Mi bis Mo 9–19.30 Uhr, 12 €, erm. 6 €).
› mehr S. 15 Punkt 23

MUSEO NAZIONALE DI CAPODIMONTE 12 4 C3

Das zweite große Museum von Weltruhm liegt noch etwas weiter außerhalb in dem von einem großen Park umgebenen Palazzo Reale di Capodimonte. Die **Galleria Napoletana** zeigt mehr als 300 Meisterwerke des 13.–18. Jhs. In den Sälen des weitläufigen Palasts sind u. a. Gemälde von Raffael, Tizian, Caravaggio, Cranach, Breughel und Holbein zu bewundern. Zudem besitzt das Museum eine kostbare **Porzellansammlung** und ein berühmtes, mit Porzellan vergekleidetes **Kabinett.** Im 3. Stock wird im Rahmen von Wechselausstellungen zeitgenössische Kunst präsentiert (Via Miano 2, www.museocapodimonte.beniculturali.it, Do–Di 8.30 bis 19.30 Uhr, 12 €, erm. 8 €).

CATACOMBE DI SAN GENNARO 13 C3

In Capodimonte sind auch die Katakomben sehenswert. Sie entstanden im 2. Jh. als Grabstätte der ersten Christen Neapels. Die unterirdischen Gewölbe enthalten eine Vielzahl spätantiker und frühchristlicher Freskenfragmente (Via Capodimonte 13, www.catacombedinapoli.it, Führung stdl. Mo–Sa 10–17, So bis 14 Uhr, 9 €, erm. 6 €).

Beeindruckend ist auch die unterirdische Basilica Sant'Agrippino aus dem 4. Jh. (Gottesdienste So 7, 9, 10.30, und 12 Uhr).

TOUR 2

VOM CASTEL NUOVO ZUM CASTEL DELL'OVO

VERLAUF: Molo Beverello › Castel Nuovo › Palazzo Reale › Teatro San Carlo › Galleria Umberto › Vomero › Villa Floridiana › Villa Comunale › Castel dell'Ovo

KARTE: Seite 52
DAUER: 1 Tag
PRAKTISCHE HINWEISE:

- Auf der zweiten Hälfte der Strecke bieten sich zahlreiche Möglichkeiten für entspannende Pausen.

TOUR-START: CASTEL NUOVO 14 e4

Gleich hinter dem Molo Beverello im Hafen liegt das Viertel, in dem sich in der Vergangenheit die politische Macht Neapels konzentrierte. Davon erzählt das weithin sichtbare Castel Nuovo. Das wuchtige Schloss ließ Karl I. von Anjou 1279–1282 errichten, im 15. Jh. wurde es von Alfons V. von Aragon fast vollständig umgebaut (Via V. Emanuele III, Mo–Sa 9–19 Uhr).

Zu seinen Ehren entstand anno 1443 der reliefgeschmückte marmorne **Triumphbogen** über dem Haupteingang. Der schöne Innenhof zeigt Bauelemente aus den verschiedensten Epochen. Eine Freitreppe führt in die **Sala dei Baroni,** einen eindrucksvollen, fast quadratischen Saal mit einem einzigartigen Sterngewölbe. Durch ein schönes Renaissanceportal betritt man die **Cappella Santa Barbara,** den einzigen aus angevinischer Zeit erhaltenen Teil der Burg (13. Jh.).

PALAZZO REALE 15 e4

Die spanischen Vizekönige erbauten sich im 17. Jh. ein neues größeres und komfortableres Schloss, den Palazzo Reale. An der Frontseite zur Piazza del Plebiscito erinnern in Nischen aufgestellte Statuen an die wechselnden Herrscher über Neapel zwischen 11. und 19. Jh. An der Rückseite des Innenhofs (von Domenico Fontana, 1600) gelangt man ins kolossale Treppenhaus, das in die historischen Räume führt. Hier sind vor allem Gobelins nach Vorlagen von Le Brun sowie eine »Heilige Familie« von Filippino Lippi sehenswert (Piazza del Plebiscito 1, Do–Di 9–20 Uhr).

ZWISCHENSTOPP: CAFÉ

Gegenüber dem Palazzo Reale bietet das im 19. Jh. errichtete Kaffeehaus **Gran Caffè Gambrinus** 2 neapolitanisch-wienerische Spezialitäten. > **mehr S. 15 Punkt** 18
• Via Chiaia 1–2 | Napoli
http://grancaffegambrinus.com

TEATRO SAN CARLO 16 e4

An die Nordflanke des Palazzo Reale lehnt sich das Teatro San Carlo. Es wurde auf Befehl König Karls III. 1737 in nur wenigen Monaten erbaut, zählt zu den imposantesten Theaterbauten Europas und Schauplätzen vieler Uraufführungen von Bellini, Donizetti, Rossini, Verdi (Via S. Carlo 98, Tickets Tel. 08 17 97 23 31, Führungen, in Ital. und Engl. Mo–Sa 10.30–12.30 und 14.30–16.30, So 10.30–12.30 Uhr, www.teatrosancarlo.it).

GALLERIA UMBERTO I 17 d4

Dem Theater gegenüber locken die bei Neapolitanern beliebten Bars und Boutiquen in der Galleria Umberto I. (1887), der klassizistischen Passage mit Glasdach (Via S. Carlo).

CASTEL SANT'ELMO 18 c3

Vis-à-vis dem Ausgang der Galleria Umberto zur Via Toledo fährt von der Stazione **Funicolare Centrale** die Standseilbahn auf den Vomero-Hügel hinauf. Von der Bergstation ist es nicht mehr weit zum Castel Sant'Elmo, von wo aus sich ein herrlicher Blick über die Stadt bietet (Via Tito Angelini 22).

CERTOSA DI SAN MARTINO 19 c3

Unterhalb vom Castel Sant'Elmo befindet sich das großzügige, längst säkularisierte Kartäuserkloster Certosa di San Martino. Es beherbergt das **Museo Nazionale di San Martino,** das vor allem Zeugnisse zur neapolitanischen Geschichte und Kunst enthält sowie die viel gerühmten Krippen, die das neapolitanische Volksleben in Miniatur nachbilden. Die Klosterkirche ist reich an Gemälden der barocken neapolitanischen Schule. Doch schon der Blick von der Gartenterrasse über den Golf lohnt den Besuch (Largo S. Martino 5, Do–Di 8.30–19.30 Uhr).

Von der Certosa di San Martino führt eine Treppe, die **Pedimentina,** hinunter zum Corso Vittorio Emanuele. Von ihren Stufen bieten sich schöne Ausblicke auf Neapel.

VILLA FLORIDIANA 20 b3/4

Ein Spaziergang westwärts führt zur Villa Floridiana mit einem für seine üppige Vegetation berühmten Park. Heute beherbergt die klassizistische Villa das **Museo Duca di Martina** mit einer exzellenten Porzellansammlung aus Europa und Ostasien (Via D. Cimarosa 77, Mi–Mo 8.30 bis 17 Uhr). > mehr S. 15 Punkt 22

VILLA COMUNALE 21 b5

Mit der **Funicolare Chiaia** kommt man hinunter zum Meer und hat es nicht mehr weit bis zur größten Grünanlage der Stadt, der Villa Comunale, die sich mit Brunnen und Denkmälern am Ufer entlangzieht.

Auf dem Parkgelände in der **Stazione Zoologica Anton Dohrn** 22, gegründet 1872 von dem deutschen Zoologen Dohrn aus Stettin, hat das internationale Meeresbiologische Institut seinen Sitz. Es zählt noch heute zu den führenden Forschungseinrichtungen seiner Art weltweit. Die Bibliothek im 1. Stock wurde vom damals 35-jährigen Hans von Marées (1837–1887) ausgemalt. Sein großflächiger **Freskenzyklus,** gilt als wichtiges Zeugnis der deutschen Malerei des 19. Jhs. (Besichtigung nach Anmeldung, Tel. 08 15 83 32 91, www.szn.it).

CASTEL DELL'OVO 23 d6

Mit seiner einzigartigen Lage auf einem Inselchen vor dem früheren Fischerhafen Santa Lucia besticht das bauhistorisch nicht weiter bedeutende Castel dell'Ovo: eine alte Festung, die lange Zeit als Gefäng-

Das Teatro San Carlo bietet Opernstars die angemessen große Bühne

Castell dell'Ovo und Borgo Marinaro

nis diente und heute für Veranstaltungen genutzt wird (Via Eldorado 3, Mo–Sa 9–17.45, So 9–13.13 Uhr). Nett ist ein Spaziergang durch den das Kastell umgebenden **Borgo Marinaro** mit besten Fischlokalen. › mehr S. 13 Punkt 8

INFO

A. A. S. T. e2

- Piazza del Gesù | 80134 Napoli
  Tel. 08 15 51 27 01
- Via San Carlo 9 | 80132 Napoli
  Tel. 081 40 23 94
- Alle Büros: www.inaples.it

E. P. T. c5

- Piazza dei Martiri 58 | 80121 Napoli
  Tel. 08 14 10 72 11 | www.eptnapoli.info (nur ital.), unabhängige Website mit Infos Touristen www.infoturismonapoli.it

Osservatorio Turistico Culturale d4

Städtisches Kulturbüro, aktuelle Infos.

- Piazza del Plebiscito | 80132 Napoli
  Tel. 08 12 47 11 23 | www.comune.napoli.it

VERKEHR

- **Aeroporto Capodichino** D3
  Napoli | Tel. 08 17 89 62 59
  www.aeroportodinapoli.it
  Der Flughafen befindet sich 7 km nördlich vom Stadtzentrum, alle 10–20 Min. Bus bis Piazza Garibaldi, Porto di Massa oder Molo Beverello › **S.25.**

Stadtverkehr

Die öffentlichen Verkehrsmittel in Neapel sind preisgünstig: Man kann 90 Min. (1,60 €, *biglietto orario)* bzw. einen ganzen Tag (4,50 €, *biglietto giornaliero integrato)* lang fahren und beliebig umsteigen (www.unicocampania.it). **Campania Artecard** › S. 49.

- **Metro,** die Linie 1 fährt in Nord-Süd-, die Linie 2 in Ost-West-Richtung.
- **Stadtbusse** verkehren im 10- bis 15-Min.-Takt bis ca. 23 Uhr, auf den wichtigsten Linien gibt es stdl. Nachtbusse.
- **Taxis** sind weiß, nummeriert und mit Taxameter ausgestattet.
- **Funicolare,** die Standseilbahnen zum Vomero-Hügel › **S. 58.**

Verkehrsmittel ins Umland

Über die Stadtgrenzen hinaus gilt für Busse, die Circumvesuviana-Bahn (ab Stazione Centrale über Herculaneum, Pompeji nach Sorrent) das nach Zeit- und Tarifzonen gestaffelte Ticket TIC (Einzelticket 1,60–3,40 €). Infos und Fahrpläne unter: www.unicocampania.it.

- **Schiff – Inselnahverkehr**
  Vom Molo Beverello aus fahren Tragflügelboote (Aliscafi) und Autofähren nach Ischia, Procida, Capri (keine Autos in der Saison), Ponza. Tragflügelboote fahren nach Sorrent. Vom Hafen Mergellina aus verkehren Tragflügelboote nach Ischia, Procida, Capri. In der Hauptsaison gibt es Verbindungen zu den Liparischen Inseln und nach Roma Fiumicino. Überfahrt nach Ischia und Capri: ca. 45 Min. (Aliscafi) bzw. 90 Min. (Fähre).

HOTELS

La Ciliegina €€€ e4

Schickes Hotel im Herzen der Altstadt, behaglich-verspielt eingerichtete Zimmer, tolle Dachterrasse mit Liegestühlen und Whirlpool.

- Via Paolo Emilio Imbriani 30 | Napoli
  Tel. 081 19 71 88 00
  www.cilieginahotel.it

Art Resort Galleria Umberto €€ d4

Gegenüber dem Theater San Carlo, antikes Mobiliar, barocke Ausstattung. Jedes Zimmer ist einem Künstler gewidmet.

- Galleria Umberto I | Napoli
  Tel. 08 14 97 62 24
  www.artresortgalleriaumberto.it

Micalo €€ a5

Kleines Hotel im zweiten Stock eines hist. Palazzo, im eleganten Altstadtviertel Mergellina, mit Garage, kurzer Fußweg zum Meer, geschmackvoll moderne Zimmer, Kosmetik- und Massageservice im Haus.

- Riviera di Chiaia 88 | Napoli
  Tel. 08 17 61 71 31 | www.micalo.it

Piazza Bellini €€ e1–2

Erfrischend modern und minimalistisch eingerichtete Zimmer und Apartments mit Gratisinternet, nahe Piazza Bellini.

- Via S. Maria di Costantinopoli 101
  Napoli | Tel. 081 45 17 32
  www.hotelpiazzabellini.com

Pinto Storey €€ b4

Komfortables Mittelklassehotel, Jugendstil-Aufenthaltsräume. Zimmer teils mit Meeresblick. Unbedingt vorbestellen!

- Via G. Martucci 72 | Napoli
  Tel. 081 68 12 60 | www.pintostorey.it

La Dimora dei Giganti € f1

Das Bed & Breakfast im Herzen der Altstadt ist ein Schmuckstück der zeitgemäßen Innenarchitektur. Große helle Zimmer, Terrasse, Salon, Küche für alle.

- Vicoletto Giganti 55 | Napoli
  Tel. 08 10 33 09 77
  www.dimoradeigiganti.it

RESTAURANTS

Zi'Teresa €€–€€€ e6

Traditionsreiches Fischlokal im Hafenambiente von Santa Lucia, ideal für ein Sommerdinner im Freien.

- Borgo Marinaro 1 | Napoli
  Tel. 08 17 64 25 65 | www.ziteresa.it

Ciro a Santa Brigida €€ d/e4

Von Künstlern besuchtes Lokal nahe der Galleria Umberto.

- Via Santa Brigida 71 | Napoli
  Tel. 08 15 52 40 72
  www.ciroasantabrigida.it

Il Garum €€ e3
Mediterran-neapolitanische Küche. Spezialität sind Gerichte mit Garum, einer Sardellensoße, die seit der Antike bekannt ist. Kleine Terrasse auf der Piazza.
- Piazza Monteoliveto 2 | Napoli
  Tel. 08 15 42 32 28
  www.ristoranteilgarum.it

Bellini €–€€ e1/2
Bekannt für seine hervorragende Pizza, auch Fisch- und Nudelgerichte.
- Via Santa Maria di Costantinopoli 79/80
  Napoli | Tel. 081 45 97 74

L'Antica Pizzeria Da Michele € f2
Die Pizza-Institution! Die Speisenauswahl ist auf das Wesentliche beschränkt. Marmortische. So Ruhetag.
- Via Cesare Sersale 1/3 | Napoli
  Tel. 08 15 53 92 04 | www.damichele.net

In Neapel wurde die Pizza Margherita erfunden, doch die Auswahl ist vielfältiger

Antica Pizzeria e Friggitoria Di Matteo € f2/3
Straßenverkauf auf der Spaccanapoli. Wegen der guten Qualität stehen die Einheimischen gern Schlange. So abends geschl.
- Via Tribunali 94 | Napoli
  Tel. 081 45 52 62
  www.pizzeriadimatteo.com

Pizzeria Brandi € d4
Hier wurde im Jahr 1889 die Pizza Margherita für die Königin Margherita von Savoyen erfunden. Auch heute noch überzeugend gut. Mo geschl.
- Salita S. Anna di Palazzo 1
  Napoli | Tel. 081 41 69 28
  www.brandi.it

Pizzeria Trianon € g1/2
Manche behaupten, hier sei die Pizza noch besser als bei Michele gegenüber. Gut besucht, große Speisekarte.
- Via Pietro Colletta 44 | Napoli
  Tel. 08 15 53 94 26
  www.pizzeriatrianon.it

NIGHTLIFE

Wenn Opern- und Theaterbesuche nicht vorab online gebucht worden sind, lässt man sich die Tickets am besten von der Hotelrezeption besorgen.
Jeden Monat erscheint kostenlos »Qui Napoli« mit aktuellen Terminen und Öffnungszeiten. Die Broschüre kann außerdem als PDF heruntergeladen werden (www.inaples.it).
Konzert- und Ausstellungshinweise sowie aktuelle Fahrpläne findet man auch in der Zeitung »Il Mattino«.

Livekonzerte finden im **Otto Jazz Club** f2 (Via San Biagio dei Librai 25, nur Sa), **Blue Around Midnight Jazz Club** b2

(Via Giuseppe Bonito 32, www.facebook.com/Bluearoundmidnightmidnightjazzclub, So/Mo geschl.), **Bourbon Street Jazz Club** D3 (Via Vincenzo Bellini 52, www.bourbonstreetjazzclub.com, Mo geschl.) oder **Kestè** e2 (Largo San Giovanni Maggiore 26/27, www.keste.it) statt.

SHOPPING

Die Innenstadt von Neapel ist ein Einkaufsparadies. Ein beliebtes Mitbringsel sind Krippenfiguren. Die größte Auswahl findet man in der schmalen Via San Gregorio Armeno.

Die Buchhandlungen **Libreria Guida** e2 (Via Port'Alba 20/23) und **Feltrinelli** e3/4 (Via S. Tommaso d'Aquino 70) sind Intellektuellentreffs.

An der Porta Alba wird täglich ein **Büchermarkt** e2 veranstaltet. Hier kann man Reiseführer, Kunstbände oder Klassiker für wenig Geld erwerben – nicht nur in italienischer Sprache.

Stiche und Veduten vom Golf werden in der Via S. Maria di Costantinopoli, zwischen Piazza Bellini und Archäologischem Museum, verkauft.

In der Via Toledo gibt es eine Reihe von **Lederwarengeschäften.**

Die elegantesten Mode- und Schuhgeschäfte findet man in der **Via Chiaia,** edle Krawatten u. a. Accessoirs führt **Marinella** c5 (Riviera di Chiaia 287 A, www.marinellanapoli.it).

Neapolitanische Musik vom Feinsten bietet die **Nuova Compagnia di Canto Popolare** (www.nccp.it).

AUSFLUG NACH CASERTA D1

Neapels großer Bauherr Karl III. von Bourbon ließ sich durch Luigi Vanvitelli in Caserta ein monumentales Barockschloss errichten, den **Palazzo Reale.** Grandios sind die **Freitreppe** vom Vestibül in den 1. Stock sowie der **Schlosspark** mit seinen Kaskaden, Fontänen und Statuengruppen (Schloss Mi–Mo 8.30–19.30, Park April–Sept. Mi bis Mo bis 19, März, Okt. Mi–Mo bis 17, Nov. bis Jan. Mi–Mo bis 15.30 Uhr, www.reggiadicaserta.beniculturali.it; Bus und Bahn ab Piazza Garibaldi). › mehr S. 16 Punkt 30

INFO

E. P. T.

- Palazzo Reale | 81100 Caserta
  Tel. 08 23 55 00 27 | www.eptcaserta.it

POSILLIPO

Der berühmte Aussichtspunkt ist der richtige Ort, wenn man die brodelnde Metropole in relativer Ruhe von oben betrachten und ein Bilderbuchpanorama über Neapel, die sanft geschwungene Bucht mit dem dahinter aufragenden Vesuv genießen will. Man verlässt die Stadt gen Westen vom Schnellboothafen Mergellina aus und fährt die kurvenreiche Straße zum Posillipo hinauf oder nimmt einfach die Funicolare di Posillipo.

KUNST ODER KITSCH – NEAPELS MÄRKTE

Auf der Fiera Antiquaria Napolitana lassen sich durchaus kleine Schätze entdecken

Neapel und die Neapolitaner lernt man am besten auf den Märkten kennen, von denen einige nur an Wochenenden, die meisten aber täglich stattfinden. In der **Via San Gregorio Armeno** ist sogar das ganze Jahr über Weihnachten. Nehmen Sie am besten nur ein paar Geldscheine in der Hosentasche mit, denn so taucht man unbeschwert von Handtasche und Geldbörse in den Strom der Einheimischen ein.

QUARTIERI SPAGNOLI

Täglich bauen die Obst-, Gemüse- und Fischhändler ihre malerischen Stände in den engen Straßen auf, die sich von der **Piazza Carità** über die **Piazza Pignasecca** bis zur Funicolare von Montesanto ziehen. Hier im Herzen der Quartieri Spagnoli brodelt das neapolitanische Leben; den ganzen Tag über lässt sich das Schauspiel beobachten, wie aus den Fenstern der Palazzi Körbe hinabgelassen werden, um anschließend mit Waren gefüllt wieder in die Lüfte zu entschweben. Schauen Sie doch einfach mal bei einem der ausgezeichneten Käse- oder Wurstläden vorbei. Hier kann man sich auch ein Panino für ein Picknick mit Aussicht auf dem nahen Vomero-Hügel frisch zubereiten lassen. Der Aussichtsberg ist zu Fuß über Treppen oder mit der Funicolare schnell zu erreichen. > mehr S. 13 Punkt 9

FISCH, OBST UND GEMÜSE

Von Weitem schon sind morgens die Rufe der Fischhändler an der **Porta Nolana** zu hören. An den alten Stadtmauern ganz in der Nähe des Hauptbahnhofs zieht sich dieser Inbegriff eines neapolitanischen *mercato popolare* entlang. Meeresfrüchte, Obst, Gemüse werden wild gestikulierend und lautstark feilgeboten.

- **Mercato Popolare – Mercato del Pesce a Porta Nolana** g1
  Piazza Garibaldi | Napoli
  Mo–Sa 8–18, So bis 14 Uhr

KONSUM UND KULISSENPRACHT

Jenseits der Porta San Gennaro beginnt hinter der Piazza Cavour die ausladende **Via dei Vergini** mit ihrem quirligen Markttreiben. Vor der barocken Fassade des Palazzo dello Spagnolo werden Obst, Gemüse, Fisch, Haushaltswaren und Textilien angeboten.

- **Mercato ai Vergini** e1
  Via dei Vergini | Napoli
  Mo–Sa 7–15 Uhr

TEXTILIEN UND SCHUHE

Auf der Suche nach preiswerten Textilien und Schuhen wird man im Altstadtviertel **Mergellina** im Westen Neapels sowie auf der **Via Vittorio Imbraini** fündig. Ein Großteil der Markenschuhe für den italienischen Markt wird in Neapel gefertigt, und den Produktionsüberschuss, Ware mit kleinen Fehlern, Modelle vom Vorjahr oder weniger gängige Größen, kann man mit etwas Glück hier für wenig Geld erstehen, ebenso Kleidung.

- **La Torretta**
  Largo Torretta bis Piazza Eritrea
  Via Piedigrotta | Mergellina | Napoli
  Mo–Sa 7–15 Uhr
- **Mercatino di Via Imbriani** c5
  Via Vittorio Imbriani | Napoli
  Mo–Sa 8.30–14 Uhr

TRÖDEL-/FLOHMARKT

Professionelle Händler bieten auf der Fiera Antiquaria Napolitana ihr reichhaltiges Sortiment an nachgebauten Stilmöbeln, die eine oder andere Antiquität, Stiche, Kopien neapolitanischer Veduten und Porzellanfigurinen zu Füßen des faschistischen Reiterdenkmals von Marschall Armando Diaz (Piazza Amedo) an. Mit Blick aufs Meer lässt es sich in der Grünanlage Villa Comunale wunderbar stöbern. Derzeit findet der Antiquitätenmarkt in Neapel aber nicht statt, dafür gibt es an einigen Wochenenden Märkte in Pozzuoli › **S. 68** und Ercolano › **S. 80**. Die jeweiligen Termine werden bekanntgegeben unter www.fieraantiquarianapoletana.it.

Ein klassischer Flohmarkt ist der Mercato delle Pulci in Neapel, der wöchentlich stattfindet.

- **Mercato delle Pulci** D3
  Corso Malta, Napoli, sonntags

MARKENPIRATERIE

Die italienische Polizei geht nicht nur hart gegen die Verkäufer gefälschter Markenprodukte vor: Der Erwerb wird mit bis zu 10 000 € Strafe geahndet! Vom Kauf eines Handys oder einer Kamera, häufig unter der Hand angeboten, ist ebenfalls abzuraten.

WESTLICH VON NEAPEL

Wie der Vorhof zur Hölle muten die von Schwefelgestank erfüllten Campi Flegrei an

Die Campi Flegrei, die »Brennenden Felder«, westlich von Neapel sind ein besonderer Landstrich. Hier sieht man Kegel, Kraterseen und Buchten, die keinen Zweifel an ihrem vulkanischen Ursprung aufkommen lassen.

Auch aktiver Vulkanismus ist noch an einigen Stellen in den Campi Flegrei zu beobachten. In antiker Zeit war der Küstenstreifen dicht besiedelt, das brodelnde und dampfende Hinterland war dagegen ein Ort der Mythenbildung. Der Küste von Baia zählte in der römischen Antike zu den gefragten Wohnlagen, doch all die prunkvollen Villen sind durch seismische Aktivität im Meer versunken. Heute baut man auch hier dicht gedrängt und architektonisch wenig überzeugend mit viel Beton.

Bester Ausgangspunkt für die Erkundung der »Brennenden Felder« ist Pozzuoli, inzwischen fast schon mit Neapel zusammengewachsen. Überall bewegt man sich auf geschichtsträchtigem Boden, auf dem Akropolishügel Rione Terra, in Baia, Bacoli und Cumae. In der ältesten Siedlung griechischer Kolonisten auf italienischem Festland werden noch heute Ausgrabungen durchgeführt.

KOMBITICKET CAMPI FLEGREI

Mit dem Kombiticket **Biglietto cumulativo Campi Flegrei** lassen sich das Amphitheater und das Serapeion in Pozzuoli, die Ausgrabungen von Baia und Cumae sowie das Archäologische Museum im Kastell von Baia besuchen (4 €, ermäßigt 2 €, 2 Tage gültig).

TOUR IN DER REGION

TOUR 3

VON POZZUOLI NACH CUMAE

ROUTE: Pozzuoli > Solfatara > Lago d'Averno > Baia > Bacoli > Capo Miseno > Cumae

KARTE: Seite 69

DAUER: 2 Tage

PRAKTISCHER HINWEIS:
Die Entfernungen zwischen den einzelnen Sehenswürdigkeiten sind relativ klein, der öffentliche Nahverkehr ist gut. Planen Sie auch Taxifahrten mit ein.

TOUR-START:

Eines der beeindruckendsten Erlebnisse dieser Tour ist oberhalb von **Pozzuoli** 1 › S. 68 der Besuch der

Solfatara-Krater 2 › S. 69 mit ihren Fumarolen, bunten Kristallisationen und Schlammtöpfen. Auch der **Lago d'Averno** 5 › S. 70, ein kreisrunder Kratersee, verdankt seine Entstehung dem Vulkanismus in der Region. Einst soll hier der Eingang zur Unterwelt gewesen sein, heute kann man an seinem Ufer spazieren gehen.

Nächste Station ist der heute wenig reizvolle Küstenort **Baia** 6 › S. 71, der aber in der Römerzeit zu den bei den Patriziern bevorzugten Wohnlagen zählte. Erhalten geblieben ist der antike Thermenkomplex, die **Terme Romane.** Auch **Bacoli** 7 › S. 72 zählte zur Römerzeit zu den vornehmen Küstenorten. Heute ist die größte Sehenswürdigkeit eine riesige Zisterne aus dieser Zeit. Für eine Übernachtung bestens geeignet ist der Badeort Miseno. Von hier aus kann man zum **Capo Miseno** 8 › S. 73 wandern und den Monte Miseno besteigen. Am nächsten Tag setzt man die Fahrt nach **Cumae** 9 › S. 73 fort, das sehenswerte griechische und römische Ruinen zu bieten hat.

UNTERWEGS WESTLICH VON NEAPEL

POZZUOLI 1 C3/4

Das städtische Zentrum der Campi Flegrei, der Phlegräischen Felder, ist seit der Antike Pozzuoli (82 000 Einw.). Von den Griechen gegründet (528 v. Chr.), wurde die Stadt im 2. Jh. v. Chr. von den Römern erobert. Die Römer gaben ihr den Namen *Puteoli*, die Stinkende, wegen der an vielen Stellen austretenden Schwefelgase. Trotz des Gestanks entwickelte sich Puteoli zur wichtigsten Stadt am Golf. Der Hafen war ein Hauptumschlagplatz für den Orienthandel. 61 n. Chr. soll hier der Apostel Paulus an Land gegangen sein. Die Plünderungen der im 5. Jh. einfallenden Goten führten schließlich zu Ruin und Niedergang der Stadt.

RIONE TERRA

Pozzuolis ältester Stadtteil erhebt sich malerisch auf dem ehemaligen Akropolishügel über dem Hafen. Der nach einem Beben im Jahr 1970 vollständig evakuierte Rione Terra wurde teilweise saniert. Archäologen haben bei Ausgrabungen unter dem Dom Reste des römischen Kapitolstempels freigelegt. Der inzwischen eingerichtete Archäologische Park ist in der Regel an den Wochenenden zugänglich. Auf dem teils unterirdisch verlaufenden Parcours geht man über das antike Straßenpflaster an Werkstätten, Läden, einer Bäckerei und einem Bordell aus römischer Zeit vorbei. (Anmeldung unter: Tel. 081 19 93 62 86 oder Sa/So Infopoint Rione Terra 9–17 Uhr).

SERAPEION

Über die schmale Uferpromenade erreicht man nördlich des Hafens das Serapeion. Die Anlage wurde einst für einen griechischen Tempel gehalten, es handelt sich jedoch um das Macellum, die römische Markthalle. Durch den sog. Bradyseismus, postvulkanisches Heben und Senken des Grundes, stehen die Säulen heute nur mit den Basen im Wasser. Löcher in 5 m Höhe der Säulen, die von Bohrmuscheln stammen, beweisen jedoch, dass das Macellum zeitweise unter Wasser lag, der Grund sich also im Laufe der Jahrhunderte wieder gehoben hat.

FLAVISCHES AMPHITHEATER

Am Nordrand der modernen Stadt liegt das im 1. Jh. n. Chr. erbaute Amphitheater, dessen heute zerfallene Außenfront aus drei Arkadengeschossen bestand. Das Oval fasste 20 000 Zuschauer. Neben Gladiatorenkämpfen fanden auch Tierhetzen statt. Besonders gut erhalten sind die unterirdischen Gewölbe. Hier waren die Raubtierkäfige untergebracht, die sich mithilfe von Aufzügen durch quadratische Öffnungen in die Arena heben ließen (Corso Nicola Terracciano 75, Mi bis Mo 9 Uhr bis 1 Std. vor Sonnenuntergang, http://parcoarcheologicocampiflegrei.beniculturali.it, Kombiticket Campi Flegrei › S.67).

SOLFATARA 2 C3

Oberhalb von Pozzuoli liegt die Solfatara, ein großer Krater, wo man spätvulkanische Phänomene sehen kann wie Fumarolen (Dampfausstö-

TOUR WESTLICH VON NEAPEL

TOUR 3

VON POZZUOLI NACH CUMAE

Pozzuoli › Solfatara › Lago d'Averno › Baia › Bacoli › Capo Miseno › Cumae

ße), Schlammfontänen, Schwefelgase, Mineralquellen und Kristallisationen. Noch während man durch die Pinienallee mit den blühenden Büschen wandert, reagiert die Nase auf den schweflig-brenzligen Geruch. Ein paar Schritte weiter steht man mittendrin: im Krater der Solfatara. Es dampft und blubbert, wohin man auch blickt, kein Strauch, kein Leben kann hier gedeihen, der merkwürdig glatte, graugrüne Boden tönt hohl bei jedem festeren Schritt und brennt heiß durch die Schuhsohlen (Via Solfatara 161, tgl. 8.30 bis 16.30, April–Okt. bis 19 Uhr, 8 €, erm. 6 €). › mehr S. 15 Punkt 20

INFO

A. A. S. T.

- Largo Matteotti 1/a | 80078 Pozzuoli
  Tel. 08 15 26 14 81
  www.infocampiflegrei.it

VERKEHR

- **Regionalbahn Ferrovia Circumflegrea:** Napoli–Pozzuoli–Torregaveta.
- **Busverbindung:** Baia–Cumae.
- **Schiffsverbindungen:** Autofähren nach Procida (30 Min.) und Ischia (1 Std.); www.medmargroup.it

HOTEL

Neronensis Relais & Spa €–€€
Frühstückspension in einem Palazzo (19. Jh.), gestylte Zimmer mit Meerblick.

- Via G. Pergolesi 29B | Pozzuoli
  Tel. 081 18 51 17 35

RESTAURANT

La Taverna del Re Leone €€
Fisch und Fleisch in Rione Terra.

- Via Mazzini 3 | Mobil-Tel. 33 89 00 82 38

MONTE NUOVO 3 C4

Der Monte Nuovo (140 m) entstand bei einer Eruption 1538 innerhalb von zwei Tagen. Die beiden Seen zu seinen Füßen veränderten damals ihre Gestalt erheblich. Vom Kraterrand des Monte Nuovo bietet sich ein schöner Blick auf die Campi Flegrei. Ein Rundweg führt durch das Naturschutzgebiet (Via Virgilio, Tel. 08 18 04 14 62, Mo–Sa 9 Uhr bis 1 Std. vor Sonnenuntergang, So 9–13 Uhr, Eintritt frei).

LAGO DI LUCRINO 4 B3

Der Lago di Lucrino, eine flache Lagune, durch einen schmalen Strandstreifen vom Meer getrennt, war in der römischen Antike berühmt für die dort gezüchteten Austern. Die meisten der vielen Villen an seinem Ufer wurden bei dem Vulkanausbruch 1538 zerstört.

LAGO D'AVERNO 5 B3

Etwas landeinwärts (1 km) liegt der Lago d'Averno, ein fast kreisrunder Kratersee, bleigrau und von Vulkankegeln umgeben. Wegen seiner dampfenden Unheimlichkeit hielten die in Cumae ansässigen Griechen den See für den Eingang zur Unterwelt. Der »Odyssee« zufolge soll Odysseus hier ins »Reich der Schatten« hinabgestiegen sein. Auch in der Römerzeit behielt der See seinen mythischen Charakter, obwohl man versuchte, ihn durch eine Kanalverbindung zum Lucriner See als Hafen zu nutzen, was aber wegen der beständigen seismischen Veränderung des Bodens nur vorübergehend gelang. *Avernus* bedeutet »ohne Vögel«: Der Überlieferung nach ist nie ein Vogel über diesen See geflogen, möglicherweise weil er in der Antike Dämpfe und heiße Gase ausströmte.

Heute kann man am Seeufer spazieren gehen. Am Südufer liegt die **Grotta della Sibilla,** ein 300 m langer Tunnel, Teil eines ausgedehnten Systems unterirdischer Gänge aus der Römerzeit. Die Bezeichnung beruht auf einem Irrtum, denn die echte, sagenumwobene Sibyllengrotte nimmt Cumae für sich in Anspruch. Am östlichen Ufer des Sees stößt man auf den sog. **Tempio di Apollo,** eine große Thermalanlage aus der römischen Kaiserzeit. Am See beginnt die **Grotta di Cocceio,** ein 1 km langer Verbindungstunnel nach Cumae › S. 73. Er wurde im Zweiten Weltkrieg als Munitionslager genutzt (heute nicht begehbar).

BAIA 6 B4

Baia, heute ein Ortsteil von Bacoli › S. 72, liegt an einer kleinen runden Bucht. Seit der römischen Antike, in der hier einer der vornehmsten Küstenabschnitte war, hat sich die Topografie durch ein langsames Heben und Senken des Grundes (Bradyseismus) stark verändert. Die antiken Nobelvillen sind bis zu 10 m tief ins Meer abgesunken, Reste von ihnen wurden noch 500 m entfernt von der Küste gefunden und sind ein Fall für die Unterwasserarchäologie.

LE TERME ROMANE

Der großartige antike Thermenkomplex ist weitgehend erhalten. Er wurde zu einem archäologishcen Park zusammengefasst. Kernstück der Anlage ist der »Sossandra-Sektor« mit einer großen Aussichtsterrasse, hinter der sich in einem flachen Halbrund fächerförmig das Nymphäum öffnet, ein kleines Theater mit einem kreisrunden Schwimmbecken davor. Die hier gefundene Marmorstatue der Sossandra steht im Archäologischen Nationalmuseum in Neapel. Weitere Terrassen mit großen rechteckigen Schwimmbassins sind um das Nymphäum herum gruppiert.

Ein Korridor führt zum **Tempio di Mercurio,** zur Römerzeit ein Badesaal. Der kreisrunde Bau mit seiner Kuppel (mit kreisförmiger Lichtöffnung im Scheitel) erinnert

In den antiken Thermen von Baia

Blick auf Capo Miseno im Golf von Pozzuoli

an das Pantheon in Rom (Piazza A. De Gasperi, Di–So 9 Uhr bis 1 Std. vor Sonnenuntergang, Kombiticket Campi Flegrei > S. 67).

CASTELLO DI BAIA

Das Castello di Baia dominiert mit weitem Blick die Bucht und beherbergt ein ausgezeichnetes Archäologisches Museum mit Funden von verschiedenen Grabungsstätten in den Phlegräischen Feldern (Via Castello 39, Tel. 08 15 23 37 97, Di bis Sa 9–13.30 Uhr, Kombiticket Campi Flegrei > S. 67).

UNTERWASSEREXKURSIONEN

Bei den Tauchgängen, die das **Sea Point Diving Center** anbietet, geht es zwischen den Ruinen der römischen Villen hindurch.

- Via Molo di Baia 14 | 80070 Bacoli
  Tel. 08 18 68 88 68 | www.seapointitaly.it

Das **Glasbodenboot Cymba** von Baia Sommersa gleitet über die antiken Mauern der Stadt hinweg. > **mehr S. 17 Punkt 32**

- Porto di Baia | Bacoli
  www.baiasommersa.it
  Mobil-Tel. 34 94 97 41 83
  nur mit Voranmeldung

BACOLI 7 B4

Der Küstenort Bacoli (26 500 Einw.) breitet sich in einer Mulde zwischen kleinen Kaps und dem Lago di Miseno aus. Bei den Römern hieß der Ort Bauli und war ein aristokratischer Villenplatz. Von der größten und prächtigsten Villa ist nur noch ein monumentales zweistöckiges und in viele Kammern aufgeteiltes Wasserreservoir erhalten, die sog. **Cento Camerelle** (Via Cento Camerelle 165, nicht zugänglich bei

Regenwetter, sonst nur nach telefonischer Anmeldung unter Mobil-Tel. 32 96 18 49 12).

PISCINA MIRABILIS

Die Hauptattraktion Bacolis ist die Piscina Mirabilis am Südausgang des Ortes. Sie war die größte Zisterne des römischen Imperiums und versorgte die am Capo Miseno liegende Kriegsflotte. Über zwei Treppen gelangt man ins fantastisch anmutende Gewölbe, das von schräg einfallendem Licht erhellt wird. Die Zisterne ist in 13 große »Schiffe« aufgeteilt, die von 48 Pilastern gestützt werden. Das Wasser wurde auf Aquädukten und durch Tunnels aus 65 km Entfernung herbeigeleitet; die Anlage fasste 12 000 m³ (Via Piscina Mirabile 9, nicht zugänglich bei Regenwetter, sonst nach telefonischer Anmeldung unter Mobil-Tel. 33 36 85 32 78).

CAPO MISENO 8 B4

Eine schmale Deichstraße führt zwischen dem Meer und dem Lago di Miseno (auch Mare Morto, »Totes Meer« genannt) zum Capo Miseno, dem Südausläufer des Kratergebiets. Von hier aus beobachteten der Naturhistoriker Plinius der Ältere, damals Flottenkommandant in Misenum, und sein Neffe Plinius der Jüngere den Vesuvausbruch im Jahr 79 v. Chr. Bereits zur Zeit der griechischen Siedler wurde das Doppelbecken am Capo Miseno als Hafen genutzt. Die Römer richteten hier einen ihrer größten Flottenstützpunkte ein.

AUFSTIEG AUF DEN MONTE MISENO

Vom kleinen Badeort Miseno aus – auch dies eine römische Siedlung, die Reste eines Theaters zeugen davon – kann man in einem 20-minütigen Spaziergang das Gipfelplateau des Monte Miseno besteigen. Von oben bietet sich ein faszinierender Ausblick über die Buchten, Lagunen und Meerengen, die Kraterlandschaft der Campi Flegrei, die Golfe von Gaeta, Pozzuoli und Neapel und die nahen Inseln. Um das Panorama voll zu genießen, sollte man den Gipfel abwandern.

HOTEL

Hotel Cala Moresca €€

Kleines Mittelklassehotel mit Pool und Restaurant und tollem Blick über das Capo Miseno.

- Via del Faro 44 | 80070 Bacoli
  Tel. 08 15 23 55 95
  www.calamoresca.it

CUMAE 9 5 B3

Cumae, griechisch Kyme, war die älteste Siedlung griechischer Kolonialisten auf dem italienischen Festland. Es entstand im 8. Jh. v. Chr. und entwickelte sich rasch zur Blüte. Die Cumäer gründeten Neapel und zahlreiche weitere Siedlungen in der Golfregion. Lange Zeit konnten sie sich dem Angriff der Etrusker und der italischen Bergvölker widersetzen, doch dem Ansturm der Römer im 3. Jh. v. Chr. waren sie nicht gewachsen. Die Cumäer wurden dann Bürger des Imperiums, ihre hoch entwickelte Kultur wurde in römische Dienste genom-

Karte S. 69

men. Nach dem Untergang des Imperiums war Cumae Verwüstungen durch Germanen, Sarazenen und Piraten ausgesetzt; seit etwa tausend Jahren ist der Ort verlassen. Systematische Ausgrabungen begannen um die Mitte des 19. Jhs. und dauern auch heute noch an.

PARCO ARCHEOLOGICO DI CUMA

Auf dem relativ ausgedehnten Ausgrabungsgelände sieht man sowohl griechische als auch römische Ruinen. Die griechischen Reste konzentrieren sich um die Akropolis auf einem 80 m hohen Felsen in Strandnähe. Dieser Teil Cumaes ist eingefriedet.

Gleich links hinter dem Eingang kommt man zur Hauptattraktion, dem **Antro di Sibilla** (Sibyllengrotte), einem 130 m langen, in den Tuff gehauenen Gang mit trapezförmigem Querschnitt. Das in regelmäßigen Abschnitten seitlich einfallende Licht verleiht der Anlage am Südhang des Monte di Cuma einen magischen Charakter. Der Gang endet in einem Raum mit gewölbter Decke und drei rundbogigen Nischen: Hier war der legendäre »Orakelraum«, das Heiligtum der cumäischen Sibylle im 6. Jh. v. Chr., deren Prophezeiungen für das gesamte Altertum als schicksalhaft galten. Die Sibylle selbst saß unsichtbar in einem Nebenraum, der mit Holztüren verschlossen war.

Rechts neben dem Eingang zur Sibyllengrotte führt eine Treppe in die schluchtartige **Cripta Romana,** einen 180 m langen Tunnel aus römischer Zeit, wahrscheinlich eine Verlängerung der zum Averno-See führenden Grotta di Cocceio.

Über die Via Sacra gelangt man zur eigentlichen Akropolis. Zwei Tempelanlagen bilden die wesentlichen Überreste: rechts der Stufensockel eines griechischen **Apollontempels,** oben auf der Gipfelterrasse die Anlage eines **Jupitertempels.** Nur schwer zu unterscheiden sind die Elemente, der zeitlich nacheinander an selber Stelle stehenden Bauten: Über dem griechischen wurde später der römische Tempel errichtet und dieser zu einer frühchristlichen Basilika mit fünf Kirchenschiffen umgebaut. Es bietet sich ein wunderschöner Blick, der vom Capo Miseno im Süden bis zum Vorgebirge von Gaeta im Norden reicht (Via Monte di Cuma 1, http://parcoarcheologicocampiflegrei.beniculturali.it, 9 Uhr bis 1 Std. vor Sonnenuntergang, Kombiticket Campi Flegrei › S. 67).

ARCO FELICE 10 B3

Nach dem Besuch der Akropolis schlägt man die etwas südlich gelegene Via Domitiana ein, um den römischen Viadukt zu unterqueren und dabei noch einmal die Ingenieurskünste der Antike zu bewundern. Auf der Straße blieb stellenweise die antike Pflasterung erhalten. Der Arco Felice überspannt als Bogenbrücke ein künstlich eingeschnittenes Tal. Wenig später stößt die Via Domitiana auf die Staatsstraße *S.S. 7 quater,* die der Trasse der antiken Via Appia zurück nach Neapel folgt.

ÖSTLICH VON NEAPEL

Diese Reiterskulptur in Pompeji überstand den verheerenden Vulkanausbruch 79 n. Chr.

Der Küstenstrich östlich von Neapel wird vom zweigipfligen Vesuv beherrscht. Die Ausgrabungen der antiken Städte Herculaneum und Pompeji zu seinen Füßen zählen zu den bedeutendsten Attraktionen Italiens.

Seit in den 1950er-Jahren die letzte Rauchfahne über dem Vesuv verschwand, könnte man ihn für erloschen und harmlos halten. Doch das Gegenteil ist der Fall. Vulkanologen haben unter dem Berg eine riesige Magmakammer ausgemacht, die jederzeit explodieren kann – was wahrscheinlich noch schlimmere Folgen als der Ausbruch von 79 n. Chr. haben dürfte, der Pompeji und Herculaneum vernichtete.

Als ob diese Gefahr nicht existieren würde, zieht sich ein endloses, hässliches Häusermeer nach dem Verlassen Neapels dahin, Portici, Ercolano, Torre del Greco und Torre Annunziata ersticken im Autoverkehr und beanspruchen jeden Quadratmeter bis zum Fuß des Vulkans. Wissenschaftler empfehlen schon lange eine Sicherheitszone, doch der Alltag sieht anders aus.

Auch wenn Raub und Misswirtschaft viel Schaden in Pompeji und Herculaneum angerichtet haben, lohnt ein längerer Rundgang unbedingt. Wer jedoch die einstige Schönheit der Wandmalereien und Mosaike der verschütteten Vesuvstädte erleben möchte, sollte auf jeden Fall das Archäologische Museum in Neapel › S. 56 besuchen, denn dort sind die schönsten Meisterwerke der Ausgrabungsstätten ausgestellt.

Der Blick in den Krater des Vesuvs ist genauso unvergesslich wie der Schwefelgestank

TOUREN IN DER REGION

TOUR 4

ZU DEN AUSGRABUNGEN AM VESUV

ROUTE: Herculaneum > Torre del Greco > Torre Annunziata > Pompeji

KARTE: Seite 79
DAUER: 2 Tage
PRAKTISCHE HINWEISE:

- Die Ausgrabungsstätten und die Orte an der Küste lassen sich gut mit der Circumvesuviana-Bahn erreichen, die ab Neapel fährt.
- Relativ ruhig ist der Besuch in der Vor- und Nachsaison; ansonsten hilft es nur, früh da zu sein, damit man bis zum Eintreffen der ersten Busse noch ein wenig die Stille genießen kann.
- Genügend Zeit einplanen, für Pompeji mindestens einen halben Tag.
- Für die archäologischen Stätten Pompeji, Villa Oplontis und Boscoreale ist ein 3 Tage gültiges Sammelticket erhältlich (18 €, erm. 10 €, www.pompeiisites.org, auch Onlinetickets unter www.ticketone.it

TOUR-START:

Schon der Blick auf **Herculaneum** 2 > S. 81 vom Eingang ist faszinierend, denn nirgendwo sieht man besser, dass die moderne Stadt **Ercolano** über den Ruinen von Herculaneum errichtet worden ist. Noch ist längst nicht ganz Herculaneum ausgegraben. Doch die Archäologen haben es nicht leicht, denn die Bewohner von Ercolano kämpfen natürlich gegen den Abriss ihrer Wohnhäuser. Und für die Konservierung der Funde wird dringend Geld benötigt. Die wenigen noch vorhandenen Fresken sind in einem schlechten Zustand, die meisten Häuser sind nicht gegen Regen geschützt, die Mauern verwittern, zu vielen ist der Zutritt nicht mehr möglich. Ähnliches gilt auch für Pompeji.

Nach der Besichtigung der Ausgrabungen von Herculaneum fährt man weiter nach **Torre del Greco** 3 > S. 83 und **Torre Annunziata** 4 > S. 83, beide Orte sind Beispiele für die hemmungslose Bauwut am Golf. In Torre Annunziata lohnt ein Besuch der **Villa Oplontis,** die größte Luxusvilla einer römischen Familie in der Region, ausgestattet mit Schwimmbecken und prächtigen Wandmalereien.

Damit man am nächsten Tag gleich am Morgen die Ausgrabungen von **Pompeji** 5 > S. 84 besichtigen kann, sollte man hier übernachten, in der Nähe gibt es mehrere Hotels und Restaurants. Trotz des Raubbaus, den Pompeji in jüngerer Zeit erlitten hat, zählt der Rundgang durch die Ruinenstadt immer noch zu den Höhepunkten einer Süditalienreise.

Karte S. 79

TOUR 5

RUND UM DEN VESUV

ROUTE: Ercolano > Vesuv > Pompeji > Terzigno > Ottaviano > Somma Vesuviana > Ercolano

KARTE: Seite 79
DAUER: 2 Tage
PRAKTISCHER HINWEIS:

- Für den Abstecher zum Vesuv empfiehlt sich ein Pkw, es fahren aber auch Linienbusse ab dem Bahnhof von Ercolano auf den Vesuv.

TOUR-START:

Die **Strada del Vesuvio** ist von Ercolano zum Großteil ausgeschildert und führt in vielen Kehren bis zum Parkplatz in gut 1000 m Höhe. Die letzten Höhenmeter bis zum Kraterrand des **Vesuvs** 1 > S. 78 muss man dann zu Fuß zurücklegen. Der Blick in den tiefen, rostroten Krater, der noch an einigen wenigen Stellen dampft, ist ebenso beeindruckend wie die Aussicht über den Golf. Wer mehr Zeit in der imposanten Vulkanlandschaft verbringen möchte, findet am Parkplatz Vorschläge für farbig markierte Wanderungen unterschiedlicher Länge.

Auf der Strada del Vesuvio geht es danach hinunter nach **Ercolano** 2 > S. 81 und dann entlang der Küste nach **Pompeji** 5 > S. 84. Am nächsten Tag steht als Erstes die Besichtigung der Ruinenstadt auf dem Programm, bevor man sich an die Umrundung des Vesuvs macht. Die Straße wie die Bahnlinie verlaufen dicht an der Nationalparkgrenze, was stets neue Ausblicke auf den Vulkankegel ermöglicht. Die Orte **Terzigno, Ottaviano** oder **Somma Vesuviana** sind touristisch nicht erschlossen und galten lange als Camorra-Hochburgen.

UNTERWEGS ÖSTLICH VON NEAPEL

VESUV 1 ★6 E3/4

Jüngere archäologische Ausgrabungen lassen darauf schließen, dass auch die stein- und bronzezeitlichen Vorgängersiedlungen von Pompeji Vulkanausbrüchen zum Opfer fielen. Man nimmt an, dass dem Ausbruch im Jahr 79 n. Chr. eine lange Ruhepause vorausging. Die Bewohner von Pompeji und Herculaneum hatten damals keine Ahnung von der Gefährlichkeit des Berges. An seinen Hängen bauten sie Wein und Oliven an, der Krater schien nichts anderes zu sein als eine mit Bäumen bewachsene Erdmulde.

Die Katastrophe begann am 24. August und dauerte, nach der Beschreibung Plinius des Jüngeren, drei Tage. Steine, glühende Asche und giftige Schwefeldämpfe gingen über Pompeji nieder. Ein Fünftel der Bevölkerung, etwa 5000 Menschen, kam dabei ums Leben, darunter der Geschichtsschreiber Plinius der Ältere. Die übrigen Pompejaner konnten sich zwar retten, doch hatten sie all ihr Hab und Gut verloren, denn eine 7 m dicke Schlackenschicht bedeckte Pompeji. Kurz darauf wurde auch Herculaneum von einer Lawine aus Erde, Schlamm und halb erkalteter Lava begraben. Unter dieser Schicht haben sich sogar verderbliche Materialien wie Holz und Nahrungsmittel erhalten. Die Bewohner von Herculaneum, die sich am Strand versammelt hatten, um mit Schiffen zu flüchten, wurden hier von einer 800 °C heißen Glutwolke überrascht und auf der Stelle getötet. Wenige Minuten später verschluckte der Schlammstrom ihre Leichen.

Der nächste Ausbruch erfolgte im Jahr 203, ein weiterer 473, dessen Ascheregen bis nach Konstantinopel wehte. Abgesehen von kleineren Eruptionen verhielt sich der Berg in den folgenden Jahrhunderten rela-

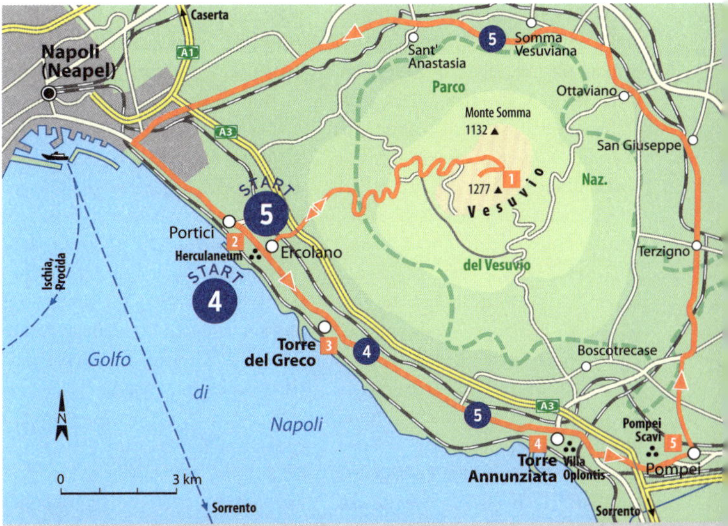

TOUREN ÖSTLICH VON NEAPEL

TOUR 4

ZU DEN AUSGRABUNGEN AM VESUV

Herculaneum > Torre del Greco > Torre Annunziata > Pompeji

TOUR 5

RUND UM DEN VESUV

Ercolano > Vesuv > Pompeji > Terzigno > Ottaviano > Somma Vesuviana > Ercolano

Karte S. 79

Das moderne Ercolano wurde über den Ruinen von Herculaneum errichtet

tiv friedlich, bis es 1631 zu einer verheerenden Katastrophe mit 3000 Toten kam. Der letzte größere Ausbruch ereignete sich im März 1944, während des Zweiten Weltkriegs. Danach entstieg dem Gipfel ein paar Jahre lang noch eine dünne weiße Rauchfahne, bis Ende der 1950er-Jahre auch diese schließlich erlosch.

Die Höhe des Vesuvs hat sich mit jedem Ausbruch geändert, die Unterschiede betrugen teils bis zu 200 m. Heute ist der Vulkan 1277 m hoch. Als Doppelvulkan besitzt er zwei Gipfel: den eigentlichen **Vesuvio,** die höchste Erhebung, und den etwas niedrigeren **Monte Somma** (1132 m). Der Vesuv ist heute der am besten erforschte Vulkan der Erde. Seismografische Geräte registrieren selbst die kleinsten Veränderungen. Den Vulkanologen zufolge ist der Vesuv nicht erloschen, mit einem weiteren Ausbruch muss gerechnet werden.

BESUCH DES KRATERS

Ausgangspunkt für eine Besichtigung des Kraters ist die Stadt **Ercolano** (Anfahrt zum Krater 18 km). Kurz nach der Ausfahrt der A3 biegt links die Straße zum Vesuvgipfel ab. Sie steigt sofort bergan und windet sich zwischen Olivenbäumen und Weinreben den Berg hinauf. Kurz vor der **»quota mille«** (Parkplatz) quert man den erstarrten Lavafluss von 1944. Unterwegs passiert man das Besucherzentrum des seit 1995 ausgewiesenen **Parco Nazionale del Vesuvio** (Loc. San Vito, Tel. 08 15 75 25 24, www.parconazionaledelvesuvio.it) und das **Osservatorio Vesuviano,** das 1841 weltweit als erstes vulkanologisches Observatorium eingerichtet wurde (www.ov.ingv.it, das Museum ist bis auf Weiteres wegen Renovierung geschl.). Unterhalb des Kraters gibt es auf 1000 m Höhe einen Parkplatz, von dem aus man zu Fuß zum Kraterrand aufsteigt (tgl. 9 Uhr, Juli/

Aug. bis 18, April–Juni, Sept. bis 17, März, Okt. bis 16, Nov.–Feb. bis 15 Uhr, Eintrittskarten nur am Parkplatz, 10 €, Parken Pkw 5 €). › mehr S. 13 Punkt 10

HERCULANEUM 2 7 D4

Die Bergstraße vom Vesuv hinunter führt direkt in den modernen Ort **Ercolano.** Er liegt im wörtlichen Sinne über den Ausgrabungen des antiken Herculaneum. Den Eingang zum archäologischen Gelände erreicht man über die Hauptstraße Via Ercolano. Für die Ausgrabungen am Fuß des Vesuvs kann man Einzel- oder Sammeltickets erwerben. Letztere sind 3 Tage für den Besuch mehrerer archäologischer Stätten gültig › S. 77. Empfehlenswerte Audioguides werden an den Kassen verliehen! Außerdem ist am Eingang ein Heft mit Erläuterungen auf Deutsch erhältlich (Corso Resina 187, http://ercolano.beniculturali.it, April–Okt. 8.30–19.30, sonst bis 17 Uhr, letzter Einlass 1,5 Std. vor Schließung, 11 €, erm. 5,50 €).

Ein Netz rechtwinklig sich kreuzender Straßen durchzieht die Ruinenstadt. Die drei von Nord nach Süd parallel laufenden Hauptstraßen werden Cardines genannt (Cardo III, IV, V; Cardo I und II sind noch nicht ausgegraben). Die beiden Querstraßen heißen Decumano Inferiore und Decumano Massi-

HERCULANEUM – KONSERVIERTER ALLTAG

Bevor Herculaneum römisch wurde, war es eine griechische Siedlung. Der Legende nach soll Herakles sie gegründet haben, weshalb sie den Namen Herakleion trug. Im 5. Jh. v. Chr. besetzten die Osker die Stadt, ein samnitischer Volksstamm aus dem südlichen Apennin, der jedoch längst unter dem Einfluss der griechischen Kolonisten stand. Die Legionen des römischen Konsuls Sulla eroberten die Stadt 89 v. Chr., und Herculaneum mauserte sich zu einem beliebten Feriendomizil der römischen Patrizier. Doch war Herculaneum ebensowenig wie Pompeji ein reiner Urlaubsort, vielmehr eine lebendige Stadt mit etwa 5000 Einwohnern. Nach dem Vesuvausbruch 79 n. Chr. geriet Herculaneum völlig in Vergessenheit.

1709 stieß man erstmals auf Überreste; systematische Ausgrabungen wurden jedoch erst 1927 in Angriff genommen. Keine andere Ruinenstadt (auch nicht Pompeji) ist so gut erhalten wie diese, und nirgendwo kann man sich den Alltag der alten Römer besser vergegenwärtigen als hier. Zu verdanken ist dies der gänzlich undurchlässigen Lava-Schlamm-Schicht, die Herculaneum fast 2000 Jahre lang vor allen zersetzenden Umwelteinflüssen schützte. Die Schicht hatte sich zu Tuffsteln verhärtet, sodass Herculaneum mehr »ausgestochen« als ausgegraben werden musste. Bis heute ist weniger als die Hälfte der Stadt freigelegt; vor allem im Norden und Nordwesten liegen weite Bereiche noch unter dem modernen Ort Ercolano begraben.

mo. Als Insulae bezeichnet man die angrenzenden Häuserblocks. Hier wird nur auf die wichtigsten Häuser *(case)* aufmerksam gemacht.

CARDO IV

Im Cardo IV findet sich die **Casa dell'Atrio a mosaico,** die reich ausgeschmückte Wohnräume und im Atrium einen Mosaikfußboden bewahrt. Die **Casa del Tramezzo di legno,** das Haus mit der hölzernen Trennwand, ist eines der am besten erhaltenen Wohnhäuser der Antike. Jenseits des Decumano Inferiore liegen die **Thermen** (10 v. Chr.). Die Anlage ist aufgeteilt in ein Männer- und ein Frauenbad. Dem Umkleideraum (mit Marmorsesseln) sind das Frigidarium (Kaltwasserbad) sowie das Tepidarium (Warmwasserbad) und ein Waschraum angegliedert. Stuckverzierungen, Mosaikböden und Wandbemalungen verliehen dem Bad Eleganz.

An der Ecke Cardo IV/Decumano Inferiore stößt man auf die **Casa Sannitica,** die noch aus vorrömischer Zeit und damit eines der ältesten freigelegten Häuser ist. Zwei Eingänge weiter ist in der ebenfalls vorrömischen **Casa del mobilio carbonizzato** u. a. antikes Essgeschirr zu bewundern. Es folgt die zweistöckige, sehr gut erhaltene **Casa del Nettuno,** die einem reichen Weinhändler gehörte. Sein Laden lag im Erdgeschoss, wo man noch heute die für den Verkauf nötigen Gerätschaften besichtigen kann. Das Innere des Hauses wartet außerdem mit einer besonders schönen Mosaik- und Freskoausschmückung auf. An der Querstraße Decumano Massimo biegt man nach rechts ab zur **Casa del Bicentenario.** In dieser vornehmen Villa sieht man noch Mosaiken, Fresken und Marmorböden. In einem kleinen Raum im 1. Stock ist ein Kruzi-

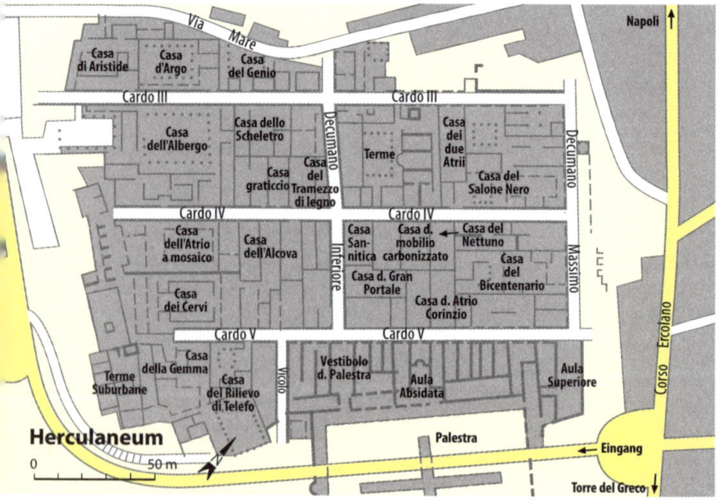

fix an die Wand gemalt. Hier wurde der vermutlich älteste christliche Kultraum entdeckt.

CARDO V

Im Cardo V ist die **Casa dei Cervi,** das »Haus der Hirsche«, zu bewundern, eines der am prächtigsten ausgestatteten Wohnhäuser Herculaneums. Seinen Namen verdankt es einer einzigartigen Skulpturengruppe mit von Hunden gehetzten Hirschen *(cervi)*. Die wertvollsten Teile der Fresken sind abgetragen und ins Archäologische Nationalmuseum von Neapel › S. 56 überführt worden. Eine Statue des trunkenen Herkules, ein »Satyr mit Weinschlauch« sowie die verspielt-eleganten Wandmalereien sind jedoch noch zu besichtigen.

Die **Casa del Rilievo di Telefo,** die zu den großen, reich ausgestatteten Herrschaftshäusern des Ortes gehörte, ist nicht gut erhalten. Sie bewahrt jedoch wunderschöne Marmordekorationen und ein Telephos-Relief, das die Mythen von Orest und Telephos, dem Sohn des Herakles, darstellt. Am Ende des Cardo V liegen die **Terme suburbane,** ein Badehaus mit einem schönen Portal, durch das man in die Baderäume hinuntersteigt.

VILLA DEI PAPIRI

Zu den bedeutendsten Funden gehört die Villa dei Papiri (1. Jh. v. Chr.), die außerhalb der Ruinenstadt steht. Hier hat man eine kostbare Bibliothek mit fast 2000 Papyrusrollen entdeckt, die heute im Nationalmuseum von Neapel aufbeahrt werden. Auf einigen finden sich Schriften der griechischer Philosophen (wegen Renovierung auf unbestimmte Zeit geschl.).

TORRE DEL GRECO 3 D4

Mehrfach zerstörten Lavaströme des Vesuvs den Ort im Lauf seiner Geschichte. Bekannt ist er wegen der traditionellen Korallenverarbeitung, die immer noch floriert. Die wenigen Korallenarten im Mittelmeer sind streng geschützt, sodass die Rohkorallen aus fernen Meeren stammen. Von einem Kauf ist dennoch abzuraten. Im **Korallenmuseum** kann man die Kunstfertigkeit der Korallenschnitzer ohne Bedenken bestaunen (Museo del Corallo, Via Calastro 35, Mo–Sa 9–13 Uhr, Tel. 08 18 81 24 80, Anmeldung erforderlich).

TORRE ANNUNZIATA 4 E4

In der lebhaften Industriestadt (43 000 Einw.) haben viele Neapolitaner (Schwarz-)Arbeit gefunden. Hier erstreckt sich der traditionelle Volksbadestrand der Neapolitaner. Seit 1967 wird im Südosten der Stadt eine zu Pompeji gehörende römische Kaiservilla freigelegt, in der ein monumentaler Freskenzyklus erhalten ist: die luxuriöse **Villa Oplontis,** mit 37 Räumen, einem Atrium, Innenhöfen und Gärten. Eine schöne, von Statuen umstandene Schwimmbeckenanlage vor der Villa bot den Bewohnern som-

Archäologen finden in Pompeji bis heute eindrucksvolle Zeugnisse antiker Baukunst

merliche Erfrischungsbäder (Via Sepolcri 2, April–Okt. 8.30–19.30, sonst bis 17 Uhr, letzter Einlass 1,5 Std. vor Schließung, 7 €, erm. 4 €, Sammelticket › S. 77).

POMPEJI 5 E4

Die ältesten Funde Pompejis reichen bis ins 6. Jh. v. Chr. zurück. Der hier ursprünglich siedelnde italische Volksstamm geriet jedoch schon bald unter die Herrschaft der Griechen von Cumae und Neapolis. Eine Reihe von Bauten zeugt stilistisch von dieser Siedlungszeit. Seine eigentliche Prägung, die noch heute vorhanden ist, erhielt Pompeji vorrangig zur Zeit der Römer, die die Stadt im Jahr 89 v. Chr. unter Konsul Sulla eroberten.

Das reiche Pompeji, ein ganzjährig bewohnter Villenort wohlhabender Römer, besaß eigene Industrie. Quellen des Reichtums waren die fruchtbaren Vesuvhänge und das Meer. Pompeji exportierte Wein, Olivenöl, Rosenessenz, Textilien aus Schafwolle sowie Fisch, der in Amphoren konserviert wurde. Ein Großteil der Arbeit erledigten Sklaven, die 40 % der Bevölkerung stellten. In antiken Zeiten lag Pompeji als Hafenstadt direkt am Meer (durch Versandung ist das Meer heute 2 km entfernt).

Der Katastrophe von 79 n. Chr. ging im Jahr 62 ein zerstörerisches Erdbeben voraus. Als der Vulkan ausbrach, befand sich Pompeji vielerorts noch im Wiederauf- bzw. Umbau. Die reichen Pompejaner hatten die Beschädigungen durch das Erdbeben zum Anlass genommen, ihre Stadt noch prächtiger zu gestalten. Nach der Vulkankatastrophe geriet Pompeji für anderthalb Jahrtausende in Vergessenheit.

Die antike Stadt Pompeji bleibt trotz des an ihr betriebenen Raubbaus wegen der immer noch sehr zahlreich verbliebenen Mosaiken und Wandmalereien sowie der bestens erhaltenen urbanen Struktur einzigartig. Wie in den heutigen italienischen Städten auch, gibt es eine Piazza (Forum) mit Kirche (Apollontempel) und Rathaus (Curiae), Markthalle (Macellum), Börse und Gerichtsgebäude (Basilika). Man kannte Fußgängerzonen (das Forum war für Fahrzeuge gesperrt), Bürgersteige und Trittpflaster zur Überquerung der Straßen. Graffiti schmückten die Wände: mit sakralen, obszönen oder informativen Inhalten. Andere Bedürfnisse stillten Hotels, Garküchen (Thermopolia) und ein »Strich« mit Bordell (Lupanar).

AUSGRABUNGSGELÄNDE

Angesichts der vielen sehenswerten Häuser, können nur die wichtigsten erwähnt werden. An den Eingängen gibt es Gratispläne und Führer (Piazza Anfiteatro, Porta Marina und Porta Esedra, www.pompeiisites.org, April–Okt. Mo–Fr. 9–19.30, Sa/So ab 8.30, sonst tgl. 9–17 Uhr, letzter Einlass 1,5 Std. vor Schließung, 15 €, erm. 9 €, Sammelticket › S. 77).

TERME SUBURBANE

Die luxuriösen Thermen vor der Porta Marina können nach Voranmeldung an der Kasse (kein Aufpreis) besichtigt werden. Erotische Wandfresken verraten, dass hier auch Prostituierte ihre Dienste anboten.

DIE KATASTROPHE DES JAHRES 79 N. CHR.

Es begann mit einem heftigen Erdstoß am späten Vormittag des 24. August. Es war Ferienzeit, Pompeji war »ausgebucht«. Bald sahen die erschrockenen Pompejaner, wie eine riesige dunkle Wolke aus dem Vesuv emporschoss und rasch die Form einer Pinie annahm. Der Himmel wurde schwarz, ein Geruch nach Brand und Schwefel machte sich breit, und kurz darauf begann es, glühend heiße Asche und Steine zu regnen.

Das Sterben dauerte Stunden und Tage. Als der Aschen- und Steinregen stärker wurde, wussten die Menschen nicht, ob sie besser im Haus bleiben oder fliehen sollten. Manche banden sich Kissen über den Kopf und liefen zum Strand. Doch es gab kein Entkommen, denn das Meer war zu aufgewühlt, um den Fluchtversuch per Schiff zu gestatten, und viele erstickten an den giftigen Schwefeldämpfen. Diejenigen, die in den Häusern und Kellern geblieben waren, ereilte ein umso sichereres Ende, denn rasch waren Straßen und Höfe gänzlich zugeschüttet. Ihre Körper hinterließen Hohlräume in der Lavaschicht, die der erfindungsreiche Archäologe Giuseppe Fiorelli (um 1870) mit Gips ausgoss; eine Methode, die bis heute das Sterben der Pompejaner, Sklaven, Herren und Hunde auf erschütternde Weise nachvollziehen lässt.

Als der Aschenregen schließlich aufhörte, lag Pompeji unter einer bis zu 7 m hohen Schicht. Den überlebenden Pompejanern wurde schnell klar, dass eine Freilegung der Stadt unmöglich war. Um so viel wie es ging von ihrem Hab und Gut zu retten, gruben sie von oben Wege durch die Asche hindurch in ihre Häuser und durchbrachen Wände, um von einem Raum in den anderen zu gelangen. Einiges konnte so geborgen werden, doch das meiste blieb verschüttet.

RUND UM DAS FORUM

Beim Haupteingang, der Porta Marina, beginnt die Via Marina. Sie mündet auf das **Forum** ⓐ, dem politischen, religiösen und wirtschaftlichen Zentrum Pompejis, zugleich Kernstück des ältesten Stadtteils. Schon in der Antike bezauberte der Blick von diesem lang gestreckten Platz, den ursprünglich an drei Seiten überdachte Säulenkolonnaden umgaben. Die wichtigsten öffentlichen Gebäude grenzen daran: Der **Apollontempel** ⓑ links, das größte Heiligtum der Stadt, wurde bereits im 6. Jh. v. Chr. gegründet und unter römischer Herrschaft stark verändert. Dem Tempel gegenüber liegt die **Basilika** ⓒ, einst Börse und Gerichtsgebäude (2. Jh. v. Chr.). Der ans Forum grenzende **Bau der Eumachia** ⓓ mit Säulenportikus

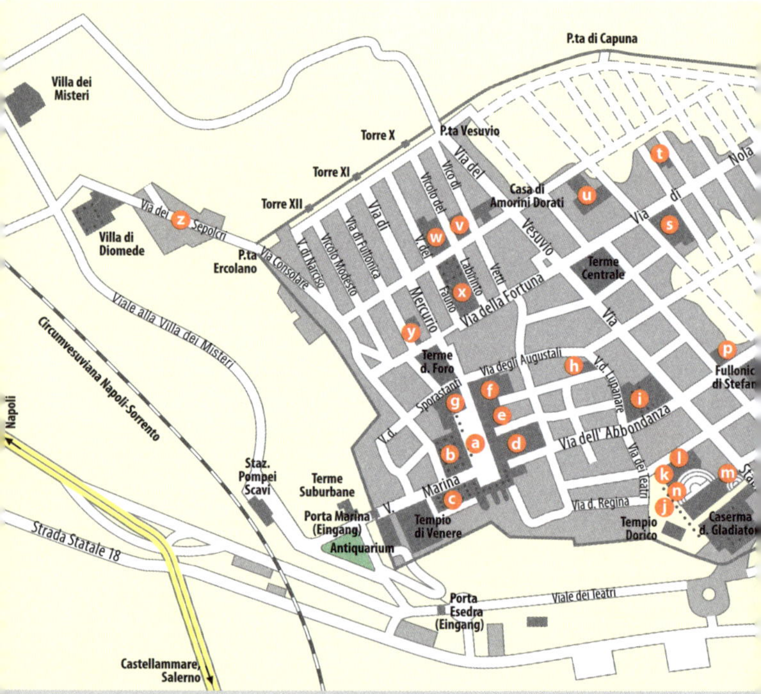

- ⓐ Forum
- ⓑ Apollontempel
- ⓒ Basilika
- ⓓ Bau der Eumachia
- ⓔ Vespasianstempel
- ⓕ Macellum
- ⓖ Jupitertempel
- ⓗ Lupanar
- ⓘ Stabianer Thermen
- ⓙ Foro Triangolare
- ⓚ Samnitische Palästra
- ⓛ Isistempel
- ⓜ Odeon/Teatro Piccolo
- ⓝ Teatro Grande
- ⓞ Casa di Menandro
- ⓟ Fassadenmalereien einer Wollweberei
- ⓠ Casa di Loreius Tiburtinus
- ⓡ Casa di Venere
- ⓢ Casa del Centenario

und reliefgeschmücktem Portal war Sitz der Tuchhändler, der wichtigsten und wohlhabendsten Zunft Pompejis. Es folgt der **Vespasianstempel** e, ein dem Kaiserkult geweihtes Gebäude.

Von den einstigen Fresken der Innenwände des benachbarten **Macellum** f, der Markthalle, ist nur ein Stück erhalten. Ein Fries zeigt, was hier verkauft wurde: Fisch, Geflügel, in Amphoren Eingelegtes. An der nördlichen Schmalseite des Forums steht der **Jupitertempel** g, der vom Erdbeben 62 n. Chr. stark beschädigt worden war und sich 79 n. Chr. noch im Wiederaufbau befand.

- t Casa di Lucretius Frontone
- u Casa delle Nozze d'Argento
- v Casa dei Vetti
- w Casa del Labirinto
- x Casa del Fauno
- y Casa del Poeta Tragico
- z Via dei Sepolcri

LUPANAR UND THERMEN

Auf der Via degli Augustali erreicht man das **Lupanar** h, Pompejis Freudenhaus. Wegen seiner erotischen Darstellungen und obszönen Graffiti darf es erst seit den 1950er-Jahren auch von Frauen besichtigt werden. Es ist jedoch weit weniger schockierend, als man meint. Das Haus ist in kleine Zimmer eingeteilt, über deren Türen kleine Fresken auf die zu erwartenden Liebesdienste einstimmen sollten.

An der Via dell'Abbondanza befinden sich die sog. **Stabianer Thermen** i. Diese größte und älteste Badeanstalt, in der Männer und Frauen getrennt badeten, war großzügig ausgestattet und besaß ein Bassin unter freiem Himmel. Sehenswert sind die Stuckarbeiten und Malereien im vierten Stil › S. 89 im Männerbad. Es gibt mehrere Baderäume (Warm- und Kaltwasserbäder, Umkleide- und Ruheräume), die von der hoch entwickelten Badekultur der Römer zeugen. Die Thermen waren beheizt: Durch die eingestürzten Fußböden kann man in die Heißluftkammern blicken.

AM FORO TRIANGOLARE

Am Ende der Via dei Teatri erstreckt sich das **Foro Triangolare** j. Dieser Komplex, einer der eindrucksvollsten Orte der Ruinenstadt, diente schon in vorrömischer Zeit als Kultstätte. In seinem südlichen Teil stand ein griechischer Tempel aus dem 6. Jh. v. Chr., von dem noch Säulen und einige Kapitelle erhalten sind, sowie ein Brunnenhaus aus dem 2. Jh. v. Chr. Die vier Säulen am nördlichen Ende des Forums, das Propyläum, stammt hingegen aus römischer Zeit.

Im kleinen Säulenhof einer **samnitischen Palästra** k wurde die vornehme Jugend Pompejis erzogen. Nach dem Erdbeben von 62 entstand auf einem Teil der Palästra ein **Isistempel** l auf hohem Podium: Der ägyptische Isiskult war in Pompeji hoch angesehen. Ein kleiner, stuckverzierter Bau im Inneren führt zu einem unterirdischen Becken mit Weihwasser aus dem Nil. Die Fresken aus den anschließenden Priesterräumen zeigt das Nationalmuseum in Neapel › S. 56.

Inmitten des Gebäudekomplexes lagen zwei Theater. Das kleinere, das sog. **Odeon** oder **Teatro Piccolo** m, wurde um 80 v. Chr. erbaut. Die Stufen des Halbrunds sind fast vollständig erhalten. Das anschließende, 220 v. Chr. im griechisch-hellenistischen Stil errichtete **Teatro Grande** n bot 5000 Zuschauern Platz und diente u. a. für Gladiatorenkämpfe. In der Orchestra, dem der Bühne vorgelagerten Boden, waren Becken eingelassen, sodass das Theater auf Wunsch geflutet werden konnte. Im Juli/August finden im Amphitheater und Teatro Grande die Musik- und Theaterfestspiele Classico Pompeiano mit renommierten internationalen Künstlern statt. Termine und Karten über die A. A. S. T. › S. 91.

IM ÖSTLICHEN AUSGRABUNGSGELÄNDE

Weiter östlich erreicht man mit der **Casa di Menandro** o eines der repräsentativsten Häuser von Pompeji. Das herrschaftliche Stadthaus war über 300 Jahre hinweg bewohnt und mehrfach umgebaut worden, wie die hervorragenden Malereien im zweiten und vierten Stil beweisen. Das kleine, stuck- und mosaikverzierte Privatbad hat die Jahrhunderte gut überstanden.

Die Via dell'Abbondanza, die Hauptgeschäftsstraße von Pompeji mit Handwerksläden, Garküchen, Schankstuben, Webereien, Färbereien und Bädern, zieht sich vom Forum bis ans Ende des Ausgrabungsgeländes. In das schwarze Basaltpflaster sind in Abständen Trittsteine eingelassen, damit die Fußgänger bei jedem Wetter trockenen Fußes über die Straße kamen. In einer der Seitenstraßen sieht man unter Schutzdächern **Fassadenmalereien einer Wollweberei** p, darauf u. a. die Venus Pompeiana, deren Wagen von vier Elefanten gezogen wird.

Eines der größten Anwesen in Pompeji ist die **Casa di Loreius Tiburtinus** q. Beim Anblick des herrlichen Gartens mit Portikus, Pergola und einem Kanal mit Brückchen und Statuetten zur Seite wird der frühere Luxus wieder lebendig. Gleich daneben wartet die **Casa di Venere** r mit der eindrucksvollen Darstellung einer Venus in einer Muschel aus der Spätzeit Pompejis auf.

In einer Mulde versteckt liegt das **Amphitheater.** Das Riesenstadion für 20000 Menschen ist das älteste erhaltene Amphitheater (um 80 v. Chr.). 59 n. Chr. soll es hier zu blutigen Kämpfen zwischen den Zuschauern gekommen sein. Das Theater wurde daraufhin für zehn Jahre geschlossen.

DER NORDEN DES AREALS

Eine Reihe von pompejischen Häusern mit kostbaren Malereien ist im Norden des Ausgrabungsgeländes zu besichtigen. Die **Casa del Centenario** (s) ist ein großes Gebäude mit zahlreichen Tier- und Landschaftsmalereien. Die **Casa di Lucretius Frontone** (t), eines der besterhaltenen Häuser des dritten Stils, befindet sich in einer Seitenstraße der Via di Nola. Die Wände zieren Medaillons mit schwebenden Erosfiguren. Malereien des zweiten und vierten Stils sind in der vorrömischen **Casa delle Nozze d'Argento** (u) zu sehen.

Das wohl berühmteste Haus des Ausgrabungsgeländes ist die **Casa dei Vetti** (v) aus den letzten Jahrzehnten Pompejis, die üppig mit Wandmalereien ausgestattet ist. Besitzer waren zwei durch Weinhandel reich gewordene Brüder. Am Eingang rechts zeigt ein pikantes kleines Fresko einen Priapus (Fruchtbarkeitsgott) mit einem Riesenphallus, den er kaum zu halten vermag. Um das Atrium herum gruppieren sich die ausgemalten Räume: links ein in Gelb gehaltener Raum, wo unter einem Fries mit Fischen und mythologischen Szenen die verlassene Ariadne sowie Hero und Leander zu erkennen sind. Im benachbarten weißen Raum faszinieren das Abbild des Zeus sowie der Leda mit dem Schwan. Ein weiterer Raum ist ebenfalls mit mythologischen Wandmalereien ausgeschmückt.

DIE VIER STILE DER WANDMALEREI

Die eigentliche Blütezeit der Stadt dauerte zwar nicht länger als 160 Jahre; trotzdem unterscheidet man vier aufeinanderfolgende pompejische Stile und Moden: Zum **ersten Stil** (bis 80 v. Chr., vorrömische Zeit) werden plastische Wanddekorationen, Stuckarbeiten und Mosaike gerechnet, die meist ohne figürliche Darstellung sind. Der **zweite Stil** (bis 20 v. Chr.) bringt eine perspektivisch-illusionistische Gestaltung der Wandmalerei und große Freskenzyklen wie in der Villa dei Misteri. Mit dem **dritten Stil** (bis 50 n. Chr.) treten Landschaftsbilder und mythische Darstellungen an die Stelle architektonischer Perspektiven. Manieristische, räumlich-illusionistische Wandmalerei mit Fabelwesen und dekorativen Girlanden gewinnen mit dem **vierten Stil** wieder die Oberhand (ab 50 n. Chr.). Allen vier Stilepochen gemein ist die Verwendung des berühmten pompejischen Rots.

Danach betritt man das Peristyl, einen schönen säulenumstandenen Innengarten mit Statuetten, Becken und Tischen. Der große Raum an der Schmalseite birgt die berühmtesten Motive: Auf einem schwarzen Fries sind Amoretten bei der Verrichtung alltäglicher Arbeiten dargestellt, in der Mitte der Felder legendäre Liebespaare. Dominierend sind Pompejisch-Rot und Schwarz.

Hinter einem kleineren Peristyl liegt ein reich ausgestatteter Salon. Auf großen roten Feldern führt Dädalus der Pasiphaë die künstliche Kuh vor, wird Ixion wegen seiner Freveltaten von Hera an das hölzerne Rad gebunden, findet Dionysos die schlafende Ariadne. Theatermasken und Getreideflechten runden die Darstellungen ab. Hinter einem kleinen Nebenatrium liegen die Küche sowie ein mit erotischen Bildern ausgemaltes **Venereum** (Venusheiligtum).

Das Nachbarhaus, die **Casa del Labirinto** ⓦ aus samnitischer Zeit, bewahrt Malereien des zweiten Stils und ein Bodenmosaik, auf dem Theseus und Minotaurus dargestellt sind. Pompejis größtes Haus, die **Casa del Fauno** ⓧ, besitzt mehrere Innenhöfe (Atrien), einen Obstgarten, vier Speisezimmer (Triklinien) und eine Reihe weiterer Räume. Hier und in den beiden Flügeln zu Seiten des ersten Atriums wurden einige der schönsten Mosaiken gefunden (vor Ort nur Kopien an den Originalfundstellen, Originalmosaike im Nationalmuseum von Neapel › S. 56). Das Original der Bronzestatuette, ein tanzender Faun, der dem Haus seinen Namen gab, ist zu sehen. › mehr S. 15 Punkt ㉔

Berühmt ist das Bodenmosaik im Eingang der **Casa del Poeta Tragico** ⓨ: ein Kettenhund samt der Inschrift »Cave canem« (Vorsicht vor dem Hund). Ein weniger bekannter Spaziergang verläuft an den antiken Mauern von Pompeji entlang. Der schönste Abschnitt beginnt an der Porta Ercolano und führt über die Porta di Nola bis zum botanischen Garten in der Via dell'Abbondanza.

ARCHÄOLOGEN AUF DER JAGD

Die Wiederentdeckung Pompejis erfolgte um 1600, doch richteten die ersten Archäologen Schaden dadurch an, dass ihr Interesse nicht der Freilegung der Stadt galt, sondern hauptsächlich der Bergung der begehrten Antiquitäten. Die ausgegrabenen Häuser wurden danach oft einfach wieder zugeschüttet. Die kostbaren Vasen, Statuen und Fresken hingegen wanderten in die Sammlungen der Fürstenhäuser, die später als Vermächtnisse nach und nach dem Archäologischen Nationalmuseum von Neapel zugingen, wo heute die wichtigsten Kunstwerke zu besichtigen sind › S. 56. Erst bei den **Scavi Nuovi** (neuen Ausgrabungen, seit 1911) beschloss man, die Funde an Ort und Stelle zu belassen. Dieser Teil der Ausgrabungen ist deshalb besonders faszinierend, da er ein vollständiges Bild des verschütteten Pompeji wiederzugeben vermag.

ÖSTLICH VON NEAPEL | 91

Meist von erhöhter Warte aus überblickt man die Stadt, schattige Bänke laden zu stiller Betrachtung ein.

VOR DEN STADTMAUERN

Außerhalb der eigentlichen Stadt liegt die **Via dei Sepolcri** Z, die Gräberstraße, wo die Toten bestattet wurden. Gräber und Mausoleen waren reich mit Marmorarchitraven, Reliefs und Statuen geschmückt. Eine der wenigen erhaltenen Vorstadtvillen und eines der sehenswertesten antiken Baudenkmäler ist die **Villa dei Misteri** am Nordwestrand des Areals. Ihren Namen verdankt sie den reichen Wandmalereien, die dem Dionysoskult und seinen Mysterien gewidmet sind. Im Speisesaal sind die Mysterien in einer fast lebensgroßen, 17 m langen Szenerie festgehalten. Der antike Freskenzyklus der Brauteinweihung ist für viele das Schönste, was Pompeji zu bieten hat.

Grabmäler an der Via dei Sepolcri

INFO

A. A. S. T.

- Via Sacra 1 | 80045 Pompei
  Tel. 08 18 50 72 55
  www.pompeiturismo.it

VERKEHR

- **Circumvesuviana-Bahn** nach Neapel und Sorrent, www.eavsrl.it

HOTELS

Hotel Diana Pompei €–€€

Nur 5 Min. zu den Ruinen, aber recht ruhig. Hübscher Innengarten mit Zitrusbäumen.

- Vicolo Sant'Abbondio 12
  Pompei | Tel. 08 18 63 12 64
  www.pompeihotel.com

Villa Laura €

Kleines, freundliches und helles Hotel mit Garten nahe beim Bahnhof.

- Via S.G. della Salle 13 | Pompei
  Tel. 08 18 63 10 24

Santa Caterina €

Hübsche Zimmer direkt an den Grabungen.

- Via Vittorio Emmanuele 4
  Pompei | Tel. 08 18 56 74 94
  www.hotelsantacaterinapompei.it

RESTAURANTS

Il Principe €€€

Elegantes Feinschmeckerlokal. So. geschl.

- Via Colle S. Bartolomeo 8 | Pompei
  Tel. 08 18 50 55 66 | www.ilprincipe.com

Cafeteria €

Stärkung neben den Forumsthermen.

- Parco Archeologico | Pompei
  Tel. 08 18 61 07 77

CAPRI, ISCHIA & PROCIDA

Die Haarnadelkurven der Via Krupp am Steilhang des Monte Castiglione sind für Fußgänger kein Problem

Karte S. 98

Bis heute haben die Inseln Capri und Ischia nichts von ihrer Faszination verloren, aber nur wer in der Nebensaison anreist, wird ihre wahre Schönheit erleben. Ein sanfter Tourismus hat die Ursprünglichkeit Procidas bewahrt.

Capri ist überraschend klein, nur 6 km lang und 3 km breit – und trotzdem eine der berühmtesten Inseln der Welt. Im Gegensatz zu Ischia und Procida ist Capri nicht vulkanischen Ursprungs, sondern geologisch gesehen ein Splitter der Sorrentinischen Halbinsel, ein Kalkfelsen, der erst während der letzten Eiszeit vom Festland abgetrennt wurde. Nur an zwei Stellen senkt sich die grün überwachsene Kuppe zum Meer hinab und gibt einer natürlichen Hafenanlage und kurzen Stränden Raum.

Schon die römischen Kaiser Augustus und Tiberius waren dem Zauber der Insel verfallen. Doch mit dem Untergang des Römischen Reichs geriet auch Capri in Vergessenheit. Erst die Wiederentdeckung der Blauen Grotte 1826 katapultierte das kleine Eiland in den Mittelpunkt des aufkeimenden Tourismus. Inzwischen wird Capri im Sommer von Tagesausflüglern geradezu überschwemmt. Erst wenn der Ansturm wieder vorüber ist, lässt sich die Schönheit der Insel genießen, ihre üppige Vegetation, die praktisch das ganze Jahr über in Blüte steht, die schroffen Küsten mit den weltberühmten Faraglioni-Felsen oder die winzige Altstadt mit der Piazzetta, Dreh- und Angelpunkt des Lebens, sowohl der Insulaner wie auch der Touristen.

Mit einer Fläche von 46 km² ist **Ischia** die größte Insel im Golf. Zusammen mit der viel kleineren Tochterinsel Procida ist sie vulkanischen Ursprungs und gehört geologisch zum Gebiet der *Campi Flegrei* auf dem Festland. Die Krater des Monte Epomeo (787 m) in der Inselmitte sind zwar schon seit Jahrhunderten erloschen, doch zahlreiche, teils radioaktive Thermalquellen, die schon Homer in der »Ilias« erwähnte, zeugen vom noch aktiven Vulkanismus. Die vielerorts an die Oberfläche tretenden mineralhaltigen Thermalquellen haben ab den 1950er-Jahren einen boomenden Bädertourismus begründet. Dutzende Thermalgärten und Hunderte Hotels sind seitdem entstanden.

Wer kennt schon **Procida?** Es ist die unbekannte Insel im Golf, nicht Ziel der Schönen und Reichen wie Capri oder der Badetouristen wie Ischia. So muss es früher auf allen Golfinseln ausgesehen haben. Dabei braucht sich Procida nicht zu verstecken: Schon der Hafenort überrascht mit seinen pastellfarbenen Häusern, im Hintergrund thront die Altstadt Terra Murata. Procida ist außerhalb des Hauptorts eher dünn besiedelt – kleine weiße Bauernhäuser leuchten hier und da. Ansonsten rühmt sich Procida der besten Zitronen im Land.

TOUREN IN DER REGION

TOUR 6

CAPRIS SCHÖNHEITEN

ROUTE: Marina Grande > Capri-Stadt > Arco Naturale > Via Krupp > Marina Piccola > Villa Jovis > Capri-Stadt > Anacapri > Monte Solaro > Blaue Grotte > Capri-Stadt

KARTE: Seite 98
DAUER: 2 Tage
PRAKTISCHER HINWEIS:

- Beste Reisezeit ist jeweils die Vor- und Nachsaison. Regelmäßiger Busverkehr zwischen Capri-Stadt und Anacapri, ansonsten lässt sich die Insel sehr gut zu Fuß erkunden.

TOUR-START:

Die Fähren vom Festland legen im Hafen **Marina Grande** 1 > S. 100 an, doch die meisten steigen gleich in die Seilbahn und lassen sich in Minutenschnelle hinauf nach **Capri-Stadt** 2 > S. 95 bringen. Bereits nach wenigen Schritten steht man dann auf der **Piazzetta,** *dem* Treffpunkt der Insel. Schon auf diesem wunderschönen Platz fällt auf, dass auf Capri alles ein wenig kleiner als anderswo ist, die Häuser, die Gassen der Altstadt, als ob man sonst auf der Insel nicht alles unterbekommen hätte. Nach einem Spaziergang durch die engen Gassen von Capri-Stadt schließen sich Wanderungen an, etwa zum **Arco Naturale** 5 > S. 96, über die atemberaubende **Via Krupp** 8 nach **Marina Piccola** 9 > S. 98 und zur **Villa Jovis** 10 > S. 98. Da es jetzt schon Nachmittag ist, wird es Zeit, zur Piazza zurückzukehren und bei einem *caffè* zuzuschauen, wie die letzten Tagesausflügler gen Festland verschwinden.

Am nächsten Tag stehen die Besichtigung der **Villa San Michele** in **Anacapri** 11 > S. 99 und eine Fahrt mit dem Sessellift auf den **Monte Solaro** 12 > S. 100 auf dem Programm. Schließlich bleibt nur noch, allerdings nur bei Sonnenschein und ruhiger See, die Bootsfahrt zur **Blauen Grotte** 16 > S. 100. Den Abend lässt man in einem Restaurant in Capri-Stadt ausklingen.

TOUR 7

RUND UM ISCHIA

ROUTE: Ischia Porto > Casamicciola Terme > Lacco Ameno > Forio > Poseidon-Gärten > Ischia-Stadt

KARTE: Seite 108
DAUER: 2 Tage
PRAKTISCHER HINWEIS:

- Die Inselrundfahrt macht man am besten mit dem Auto (Vermietungen in Ischia-Stadt).

TOUR-START:
Nach einem kurzen Spaziergang durch **Ischia Porto** 1 > S. 103 sollte man unbedingt einen Abstecher zum Castello Aragonese in **Ischia Ponte** 2 > S. 104 machen, das malerisch auf einem Felsen thront. Zurück in Ischia Porto geht es entlang der Küste nach **Casamicciola Terme** 3 > S. 107, einem der größten Zentren für Thermalkuren. Wer gut zu Fuß ist, unternimmt einen Ausflug zum **Monte Epomeo** 13 > S. 113. Ansonsten fährt man an der Küste entlang zum nächsten Ort, **Lacco Ameno** 7 > S. 109, dessen Wahrzeichen der markante Pilzfelsen im Meer ist. In **Forio** 10 > S. 111 ist dann auch schon das Tagesziel erreicht, damit noch genügend Zeit für den Besuch der **Poseidon-Gärten** 11 bleibt. Am nächsten Morgen geht es nach **Sant'Angelo** 12 > S. 112, einem ehemaligen Fischerdorf, das malerisch auf einer Landzunge liegt. Viel Zeit sollte man sich für den wahrscheinlich schönsten Strand der Insel, den **Lido dei Maronti** 18 > S. 114, nehmen, bevor es durchs Inselinnere zurück nach Ischia-Stadt geht.

UNTERWEGS AUF DEN INSELN

CAPRI ★8 C/D6

MARINA GRANDE 1 C6

Der Hafen an der Nordküste empfängt Reisende mit freundlicher Lebhaftigkeit. Doch gleich halten sie Ausschau nach dem Weg, der sie ans eigentliche Ziel bringt, denn sie spüren: Diese pastellfarbene Häuserzeile vor schroffer Bergkulisse sieht zwar sehr hübsch aus, doch hier ist noch nicht das wahre Capri. Zum Weiterkommen – und das bedeutet in jedem Fall: aufwärts – bieten sich mehrere Möglichkeiten an, die einfachste ist die Zugseilbahn (*funicolare*) gegenüber dem Kai. Man kann aber auch den Bus oder ein Taxi nehmen und die lange Serpentinenstraße hinauffahren, was zwar entschieden mehr kostet, aber prompt das Gefühl vermittelt, Mitwirkender in einem Film über die 1950er-Jahre zu sein. Ist man gut zu Fuß und das Gepäck nicht zu schwer, kann man die Strada di San Francesco einschlagen, einen steilen Treppenweg, der sich durch Zitronengärtchen hinaufwindet – im Rücken stets das weite Meer.

CAPRI-STADT 2 C6

Alle Wege aber münden schließlich auf die **Piazzetta** direkt im Herzen des Inselstädtchens Capri. Dörfliche Schlichtheit vermischt sich mit höchster Eleganz, nein, Extravaganz. Eine geschlossene Architektur von kleinen, sauberen Häusern mit Torbogen, Gässchen, einem Glockenturm und einer flach überkuppelten, maurisch anmutenden Kirche, dazu ein Café neben dem anderen und lebhaftes Flanieren. An der Piazzetta endet jeglicher Fahrverkehr. Das Gepäck wird von

Die Piazzetta genannte Piazza Umberto I in Capri-Stadt ist das Zentrum des Insellebens

Elektrokarren zu den Hotels transportiert, und unbeschwert spaziert man durch die Gassen und Gärten, das Meer immer im Blick.

WANDERUNG ZU PUNTA DI TRAGARA UND ARCO NATURALE

Der landschaftlich schönste Spaziergang führt zur Punta di Tragara und zum Arco Naturale. Man startet auf der Piazzetta und wandert (am traditionsreichen Nobelhotel Quisisana nach links) durch die Via Tragara. Am Ende des Spazierwegs lädt eine Aussichtsterrasse vor den **Faraglioni** zur Pause ein. Der Weg biegt links ab und gabelt sich später: Ein schmaler Steig führt hinunter zum **Porto di Tragara,** einem winzigen Hafen im Schatten der aus dem Meer ragenden, imposanten Felsnadeln. Die römischen Kaiser ließen an dem versteckten Ort ihre Flotte ankern. Heute legen hier ein nur noch ein paar Jachten und Touristenboote an.

Von der **Punta di Tragara** 3 C/D6 wandert man nun treppauf, treppab, an Ferienvillen vorbei und schließlich nur noch durch Ginster und Macchia, stets mit Fernblick auf die Felsküste der Sorrentinischen Halbinsel. Unterhalb leuchtet in brandroter Farbe die Villa des italienischen Schriftstellers Curzio Malaparte – eigenwillig und provokant in der Form, die einem Schiffsrumpf nachempfunden ist. Nach ca. 20 Min. erreicht man die **Grotta di Matermania** 4, eine Felsenhöhle, die bereits in römischer Zeit zu einem Nymphäum ausgebaut war. Der Anstieg über eine lange Treppe führt hinauf zum **Arco Naturale** 5 D6, einem natürlichen Felsentor hoch über den Fluten. Von hier folgt man dem Weg ins Inselinnere zur Via Matermania und nach links in den Ort Capri zurück.

RUND UM DIE GÄRTEN DES AUGUSTUS 6

Einige Fleckchen auf der Insel besitzen eine beinahe magnetische Kraft, die Besucher gewissermaßen von selbst anzieht. Ein solcher Ort sind die Gärten des Augustus (Giardini di Augusto), eine kleine botanische Anlage mit Aussichtsterrassen, die einen atemberaubenden Blick über die Südseite der Insel freigeben: Links ragen die weltberühmten **Faraglioni** aus dem Wasser empor, drei mächtige Felsnadeln, die zum Wahrzeichen Capris geworden sind. Im Vordergrund macht man die flach überkuppelten Dächer des Kartäuserklosters von San Giacomo aus, in der Tiefe erkennt man die Zickzacklinie der Via Krupp.

CERTOSA DI SAN GIACOMO 7

Das ehemalige Kartäuserkloster Certosa di San Giacomo beeindruckt schon durch seine großzügige Anlage. Die ältesten Bauteile gehen auf das Jahr 1371 zurück. Sehenswert sind die kleine gotische, barock ausgemalte Kirche und die beiden Kreuzgänge, hinter deren Flanken die einstigen Mönchszellen liegen. In einem der Klosterflügel ist eine Bildergalerie eingerichtet, in der auf Capri entstandene Werke des deutschen Malers Karl Wilhelm Diefenbach ausgestellt sind (Juni bis Aug. Di–So 10–19 Uhr, sonst kürzer, Jan.–April geschl., 6 €).

AUS DEM DORNRÖSCHENSCHLAF ERWACHT

Als Kaiser Augustus die Insel Capri 29 v. Chr. entdeckte, begeisterte sie ihn so sehr, dass er sie gegen Ischia eintauschte. Sein Adoptivsohn und Nachfolger Tiberius zog sich schließlich ganz nach Capri zurück und regierte von hier aus das römische Weltreich. Doch in den nachfolgenden Jahrhunderten versank die Insel in einen Dornröschenschlaf: Das nun armselige Eiland bewohnten notleidende Bauern, die ihre Äckerchen bestellten, nur Seeräuber statteten der Insel bisweilen einen »Besuch« ab. Die geschlossene Architektur der Piazzetta diente früher als kleine Bastion, die nur durch Torbogen erreichbaren Gassen ließen sich hermetisch abriegeln. Die Wende in Capris Geschichte setzte erst Ende des 19. Jhs. ein, als ein paar südensehnsüchtige Nordländer das Inselparadies für sich entdeckten. Zu den ersten prominenten Besuchern gehörte der Dichter August von Platen, es folgten Maler und Dichter des »Münchener Salons«, darunter Paul Heyse und Karl Wilhelm Diefenbach. Friedrich Krupp erstand auf Capri eine Villa, ebenso Maxim Gorki, der mehrfach Besuch von seinem Freund Lenin erhielt. Der berühmteste und verdienstvollste Wahl-Caprese aber war der schwedische Arzt Axel Munthe, dessen herrliche Villa in Anacapri ein Mekka aller romantischen Inselbesucher ist.

VIA KRUPP 8

Von den Gärten des Augustus windet sich in steilen Haarnadelkurven die Via Krupp den Felsenhang hinunter, wegen Steinschlaggefahr jahrelang gesperrt, nun aber wieder unbedenklich zu begehen. Friedrich Alfred Krupp (1854–1902), Enkel des Gründers der damals schon weltgrößten Gussstahlfabrik, ließ sich den Höhenweg als privaten Zugang zur Fra-Felice-Höhle anlegen. Krupp war einer der berühmtesten Wahl-Capresen, der hier u. a. Linderung seines Asthmas und Herzleidens suchte. Die Inselbewohner machten ihn zum Ehrenbürger. › mehr S. 12 Punkt 2

MARINA PICCOLA 9 C6

Die Via Krupp endet in Marina Piccola, dem kleinen mondänen Badeort der Insel. Um die kleine, kiesige Bucht am türkisfarbenen Meer mit malerischen Riffen gruppieren sich Restaurants, eine Badeanstalt und ein Schwimmbad. Marina Piccola ist auch mit Linienbussen zu erreichen (Abfahrt Capri-Stadt von der Via Roma nahe der Piazzetta).

VILLA JOVIS 10

Von dem antiken Kaiserpalast des Tiberius ist heute nicht mehr viel zu sehen. Es bedarf einiger Fantasie, um in den Mauerresten die diversen Vestibüle, Bäder, Kaiserloggien und Sklavenunterkünfte zu erkennen. Von der Piazzetta in Capri-Stadt aus führt ein ausgedehnter Spaziergang zwischen Villen und Gärten dorthin. Über den z. T. konservierten Mosaikfußboden gelangt man ins Innere der Villa. Ihre einstigen

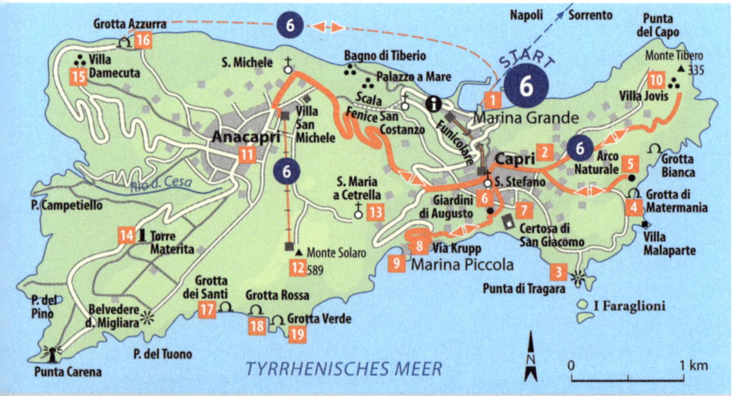

TOUR AUF CAPRI

TOUR 6

CAPRIS SCHÖNHEITEN

Marina Grande › Capri-Stadt › Arco Naturale › Marina Piccola › Villa Jovis › Capri-Stadt › Anacapri › Monte Solaro › Blaue Grotte › Capri-Stadt

Wohn- und Repräsentationsräume waren um ein Atrium mit vier großen Regenzisternen angelegt – die alleinige Süßwasserquelle für den Kaiser und seine zahlreiche Gefolgschaft.

Das Ausgrabungsgelände erstreckt sich über eine stufenweise angelegte Fläche von 7000 m². Von deren höchstem Punkt, dem berüchtigten **Salto di Tiberio,** ließ der Kaiser angeblich missliebige Gäste, Frevler und unfolgsame Sklaven in das 300 m tiefer gelegene Meer hinunterstürzen. Heute dient der Felsen als Aussichtspunkt: Der Blick von hier auf die Sorrentinische Halbinsel ist umwerfend (Juni–Aug. tgl. 10–19, April–Mai, Okt. bis 18, März, Nov.–Dez. bis 16 Uhr, 6 €, erm. 2 €).

ANACAPRI 11 C6

Anacapri (wörtl.: »Ober-Capri«) erreicht man mit Linienbussen. Sie starten unweit der Piazza Vittoria auf der Via Roma und meistern gekonnt die Serpentinenstraße entlang steiler Felsen sowie eine schwindelerregende Schwebebrücke. Angesichts der schier unüberwindlichen Klippen versteht man, weshalb die Bewohner Capris und Anacapris einander immer fremd waren. Anacapri wirkt als Ort weniger kompakt als Capri; die Häuser liegen verstreut im Grünen. Zentrum ist die Piazza Vittoria, auf der die Straße von Capri mündet.

SAN MICHELE

Ein Kleinod bewahrt das barocke Kirchlein San Michele an der Via G. Orlando. Sein Äußeres ist schlicht, das Innere aber birgt einen prachtvollen Majolika-Fußboden, der die Vertreibung von Adam und Eva aus dem Paradies (Leonardo Chiaiese, 1761) farbenprächtig darstellt (April–Sept. 9–19, sonst 10 bis 15 Uhr).

SCALA FENICIA

Anacapri war bis 1878 nur auf der angeblich noch aus Phönizierzeiten (ca. 1000 v. Chr.) stammenden Scala Fenicia von der Marina Grande aus zu erreichen. Diese Treppe ist heute noch begehbar (etwa 800 aus dem Fels gehauene Stufen). Sie wurde wieder in Stand gesetzt und ist als Fußweg durchaus zu empfehlen.
› mehr S. 13 Punkt 7

VILLA SAN MICHELE

Ein bequemer Spazierweg führt zum beliebtesten Besichtigungsziel, der Villa San Michele. Der schwedische Arzt und Schriftsteller Axel Munthe (1857–1949) kaufte sich hier ein Bauernhaus und baute es zur neoklassizistisch-eleganten Villa um. Munthe arbeitete zwar oft im Ausland, hatte aber ein offenes Ohr für die Inselleute und setzte sich für den Schutz der Natur auf Capri ein. Die Villa fungiert als Museum und zeigt Munthes Sammlung alter Möbel und archäologischer Funde. Größte Attraktion ist eine Sphinx (1300 v. Chr.), die man in Kalabrien ausgegraben hat. Sie liegt am Aussichtspunkt des Gartens (Mai–Sept. 9–18, März 9–16.30, April, Okt. 9–17, Nov.–Feb. 9–15.30 Uhr, www.villasanmichele.eu, 8 €).

Eine Sphinx wacht von der Villa San Michele aus über Anacapri

MONTE SOLARO 12 C6

Nur von Anacapri aus hat man Zugang zur höchsten Erhebung der Insel, dem Monte Solaro (589 m). Man erreicht den Gipfel entweder mit dem Sessellift (von der Piazza Vittoria aus) oder zu Fuß (Abzweigung von der Via San Michele, 1 Std.). Das Panorama am Gipfel lohnt Aufstieg und Auffahrt gleichermaßen. **Santa Maria a Cetrella** 13 C6, eine Kirche aus dem 13. Jh. mit einer kleinen Einsiedelei, liegt ca. 120 m unterhalb. Man kann sie über einen Abstecher vom Bergweg aus erreichen (ca. 20 Min.).

TORRE MATERITA 14

Ein weiterer Spaziergang führt zur **Punta Carena** und auf dem Weg an der Torre Materita vorbei, einem von Axel Munthe ausgebauten mittelalterlichen Turm, in dem der Arzt seine Memoiren schrieb. › mehr S. 16 Punkt 27

VILLA DAMECUTA 15

Die Ruine der einstigen Tiberius-Villa ist eine der Hauptattraktionen der Insel. Man erreicht sie von Anacapri aus über die Via Pagliaro nach etwa 3 km. Früher war sie vermutlich ähnlich prächtig wie die Villa Jovis auf der anderen Seite der Insel. Doch dem Ascheregen, der dem Vesuvausbruch 79 n. Chr. folgte, hielt sie nicht stand. Eine lange Loggia lässt die ursprünglichen Ausmaße der Villa Damecuta erahnen. Der **Torre Damecuta**, ein mittelalterlicher Wehrturm, überblickt die Ausgrabungsstätte. Der Eintritt ist frei.

DIE BLAUE GROTTE 16 C6

In **Marina Grande** liegen stets Boote bereit, um die Besucher zur

Nordwestspitze der Insel zu fahren, denn hier ist das weltberühmte »blaue Wunder«, die *Grotta Azzurra,* verborgen. Die Besichtigung ist nur bei ruhiger See möglich, da die Boote sonst den niedrigen Eingang nicht passieren können – und nur bei Sonne entfaltet sich das wahre Blau. Im Hochsommer ist der Andrang der Touristen oft groß, sodass man Gefahr läuft, keinen Platz im Boot zu bekommen (15 €). › mehr S. 16 Punkt 29

BOOTSRUNDFAHRT

Bei einer Inselumrundung bekommt man neben der abwechslungsreichen Küstenformation einige der über 60 Grotten Capris zu sehen. Die Motorboote starten in Marina Grande und steuern als Erstes die **Blaue Grotte** an. Anschließend geht es an der Westküste entlang und um die **Punta Carena** herum zur reizvollen Südküste. Hier darf man einen Blick in die **Grotta dei Santi** 17 (Grotte der Heiligen) werfen und gleich darauf die **Grotta Rossa** 18 bestaunen, die ihren Namen der rötlich gefärbten Vegetation auf den Felsen im Inneren verdankt. Die **Grotta Verde** 19 ist dagegen nach ihrem smaragdfarbenen Wasser benannt. Nachdem das Boot die imposanten Felsenriffe der **Faraglioni** umschifft hat, wendet es sich der Ostküste zu. Vorbei am Hafen von Tragara, an der Grotta di Matromania und der Grotta Bianca, umschifft es den senkrecht aufragenden Felsen unter der Villa Jovis und gelangt zur **Punta del Capo,** der nördlichsten Spitze der Insel. Der Hafen von Marina Grande ist bald wieder in Sicht (Dauer 1–2 Std., ca. 18 €, Eintritt zur blauen Grotte ist nicht inklusive).

INFO

A. A. S. T. Capri

- Piazza Umberto I
  80073 Capri
  Tel. 08 18 37 06 86
  www.capritourism.com

DIE ENTDECKUNG DER GROTTE

Am 17. August 1826 unternahm der deutsche Dichter August Kopisch eine Bootsfahrt mit seinem Freund Fries, seinem Hotelier und einem capresischen Fischer namens Angelo Ferraro, bei der sie ein Felsenloch direkt über dem Meeresspiegel entdeckten. Neugierig geworden, entledigte sich Kopisch seiner Kleider und schwamm durch das Loch hindurch. Zu seinem Erstaunen befand er sich in einer ausgedehnten Höhle, die von einem nie gesehenen silberblauen Licht erfüllt war. Stolz vermerkte er bei der Rückkehr seine Entdeckung im Gästebuch seines Hotels. Bei der genaueren Erforschung der Grotte fand man Mauerreste, offensichtlich von einem antiken Heiligtum – sie war also bereits den Römern bekannt. Durch Kopischs Entdeckung wurde nicht nur die Grotte, sondern die ganze Insel weltberühmt; ein immer mehr anschwellender Besucherstrom setzte ein.

A. A. S. T. Marina Grande
- Banchina del Porto | Capri
  Tel. 08 18 37 06 34

A. A. S. T. Anacapri
- Via Orlandi 59 | 80071 Anacapri
  Tel. 08 18 37 15 24

VERKEHR

- **Schiffsverbindungen:** Fähren und Tragflügelboote von Neapel (ca. 75 bzw. 40 Min.) und Sorrent (ca. 50 bzw. 25 Min.). Adressen für Schiffsexkursionen (z. B. Ischia, Inselrundfahrten) bei den A. A. S. T. > **Info oben**

HOTELS

Nur wenige Hotels auf Capri sind ganzjährig geöffnet. Einige bieten in der Saison nur Halb- oder Vollpension.

'a Paziella €€€
Erlesen ausgestattetes kleines Hotel im Zentrum von Capri-Stadt.
- Via Fuorlovado 36 | Capri
  Tel. 08 18 37 00 44 | www.apaziella.com

La Scalinatella €€€
Das ruhige Haus mit Meeresblick bietet höchsten Komfort. Nov.–März geschl.
- Via Tragara 8 | Capri | Tel. 08 18 37 06 33
  www.scalinatella.com

Villa Brunella €€€
Blühende Terrassen, herrlicher Blick, exzellente Küche, ganzjährig.
- Via Tragara 24 | Capri
  Tel. 08 18 37 01 22 | www.villabrunella.it

Albergo Villa Krupp €€–€€€
Um 1900 erbaute Villa, in der schon Gorki und Lenin wohnten; grandiose Aussicht. Zimmer mit Frühstück. Nov.–März geschl.
- Via Matteotti 12 | Capri
  Tel. 08 18 37 03 62
  www.villakrupp.com

Bellavista €€–€€€
Familiäres, kleines Haus in schöner Lage. Halbpension, im Winter geschl.
- Via Orlandi 10
  Anacapri
  Tel. 08 18 37 14 63
  www.bellavistacapri.com

Gatto Bianco €€
Einen Steinwurf von der Piazzetta entfernt. Einst nächtigten Jackie Onassis und Rita Hayworth hier.
- Via V. Emanuele 32 | Capri
  Tel. 08 18 37 02 03
  www.gattobianco-capri.com

RESTAURANTS

La Capannina €€€
Alteingesessenes Lokal, Weinbar und Shop. Nov.–Mitte März geschl.
- Via Le Botteghe 12 | Capri
  Tel. 08 18 37 07 32
  www.capanninacapri.it

Ristorante Faraglioni €€–€€€
Stark frequentiertes Feinschmeckerlokal im Zentrum.
- Via Camerelle 75 | Capri
  Tel. 08 18 37 03 20
  www.faraglioni.com

Da Gelsomina €€
Sympathische Familientrattoria, 30 Gehminuten von Anacapri. Auch B & B. Mitte Nov.–März geschl.
- Via Migliera 72
  Anacapri
  Tel. 08 18 37 14 99
  www.dagelsomina.com

La Piazzetta €€
Mediterrane Küche und Fischspezialitäten mit Ausblick auf die Faraglioni.
- Via Marina Piccola 126 | Capri
  Tel. 08 18 37 78 27
  www.lapiazzettacapri.com

Paolino €€
Inselspezialitäten nahe der Marina. Nov.–Mitte April geschl.
- Via Palazzo a Mare 11 | Capri
  Tel. 08 18 37 61 02
  www.paolinocapri.com

Il Solitario €
Gute neapolitanische Küche.
- Via G. Orlandi 96
  Anacapri
  Tel. 08 18 37 13 82
  www.facebook.com/TrattoriaIlSolitario

SHOPPING

Carthusia
Verführerische Parfüms in 5 Filialen, darunter:
- Via Federico Serena 28 und
  Via Camerelle 10 | Capri
  www.carthusia.it

Designerboutiquen säumen die Via Vittorio Emmanuele. Ferragamo, Fendi, Gucci & Co. sind hier vertreten. Mehrere Schuster stellen die bekannten **Capri-Sandalen** her.
> mehr S. 19 Punkt 41

Bei **Limoncello di Capri** soll der typische Zitronenlikör erfunden worden sein (Via Roma 89, Capri, www.limoncello.com).

NIGHTLIFE

Abends trifft man sich in Capri auf der Piazza Umberto I (Piazzetta). Das Nachtleben in Anacapri ist bescheidener. Man trifft sich in der Via Giuseppe Orlandi um Santa Sofia.

FESTE

- 14. Mai: **Festa di San Costanzo,** Fest zu Ehren des Inselheiligen.
- 13. Juni: **Festa di Sant'Antonio** in Anacapri.
- 15. Aug.: **Wallfahrt** zur Kirche Santa Maria a Cetrella in Anacapri.
- 1. Sonntag im Sept.: **Festa di Santa Maria del Soccorso** in Capri mit Jahrmarkt, Volkstanz und Kirche.
- Anfang Sept.: **Festa della Madonna della Libera** in Capri im Ortsteil Moneta.

ISCHIA 9 A4/5

ISCHIA-STADT A4

Der gleichnamige Hauptort (20000 Einw.) der vulkanischen Insel besteht aus zwei Teilen: dem neueren, mondäneren Ischia Porto und dem alten Stadtkern Ischia Ponte.

ISCHIA PORTO 1

Der Stadtteil erstreckt sich östlich des fast kreisrunden Hafens, der ursprünglich ein Krater war und 1854 zum Meer hin geöffnet wurde. Zum Hafenbecken hin richtet sich die Piazza del Redentore mit der klassizistischen Kirche **Santa Maria di Portosalvo,** erbaut 1854–56 anlässlich des Hafendurchbruchs.

Heute reihen sich am Kai die Tavernen aneinander, in den warmen Sommernächten scheint das lebhafte Treiben nicht enden zu wollen. Hauptstraße ist die **Via Roma,** die in den **Corso Vittoria Colonna** übergeht und zum Bummel durch die eleganten Geschäfte oder zum

Verweilen in einem der Restaurants und Cafés einlädt. Östlich davon führt der Weg nach Ischia Ponte.

ISCHIA PONTE 2

Am äußersten östlichen Zipfel der Insel liegt der alte Stadtkern Ischia Ponte mit seinen verwinkelten Gassen und bunt gestrichenen kleinen Gebäuden. Über eine schmale Brücke gelangt man auf den sog. *Isolotto,* der beherrscht wird vom 1438 errichteten **Castello Aragonese.** Heute ist die Burganlage in Privatbesitz, kann allerdings besichtigt werden. Hinter den trutzigen Mauern finden wechselnde Ausstellungen, Konzerte und im Sommer das Ischia Filmfestival statt. Erreichbar ist das Kastell mit einem Aufzug oder durch einen 475 m langen Tunnelgang (April bis Okt. tgl. 9–20, sonst bis 16 Uhr, 10 €).

Von der **Aussichtsterrasse** über dem Kastell, die man vorbei an den Resten der kleinen achteckigen Renaissancekirche **San Pietro a Paniello** erreicht, bietet sich ein traumhafter Blick über den gesamten Golf (April–Okt. tgl. 9–20, sonst bis 16 Uhr, Führung ca. 90 Min., Tel. 081 99 28 34, www.castelloaragoneseischia.com, 10 €, erm. 6 €).

INFO

A. A. S. T.

- Via Iasolino 7
  80077 Ischia Porto
  Tel. 08 15 07 42 11
  www.infoischiaprocida.it

VERKEHR

- **Schiffsverbindungen:** Ischia Porto: Autofähren nach Neapel, Porto di Massa (über Procida) und Pozzuoli. Ischia Porto und Casamicciola: Tragflügelboote nach Neapel. In der Saison Ausflugsboote nach Capri. Die Autofähre ab Pozzuoli ist weniger überfüllt und billiger, die Strecke kürzer (1 Std.).
- **Inselrundfahrt im Boot:** Während der Saison legen in Ischia Porto tgl. mehrmals Touristenboote zu einer Inselrundfahrt ab. Je nach Anbieter stehen Land-

WELLNESS UND KUREN AUF ISCHIA

Auf Ischia ist Quelle nicht gleich Quelle. Je nachdem, wie lang und welcher Art ihr unterirdischer Verlauf ist, sprudeln sie wärmer oder kühler aus dem Felsen. Auch ihr Mineralgehalt ist unterschiedlich. Nur einige wenige Quellen sind radioaktiv, die meisten enthalten Schwefel- und Alkalisalze, manche auch Brom- und Jodsalze. Alle Kuren auf Ischia basieren auf diesen heilsamen Quellwassern und lassen keine Wünsche offen: Fangopackungen, Dampf-, Thermal- oder Sandbäder, Massageduschen, Spülungen, Inhalationen, Aerosoltherapie oder Trinkkuren. Die Thermalgärten Ischias haben mit tristen Kureinrichtungen nichts gemein. Die unterschiedlich temperierten Pools der Wellnessoasen liegen im Freien, in subtropischer Vegetation eingebettet. Neben heiltherapeutischen Anwendungen bieten die Thermalbäder jede Menge Erholung und Badespaß.

Vor Lacco Amenno ragt »Il Fungo« wie ein Pilz aus dem Meer

gänge und Badeaufenthalte auf dem Programm, sodass die Dauer variiert (3 Std. bis 1 Tag). Die meisten Boote steuern Sant'Angelo zu einem Zwischenaufenthalt an. Für ein wenig Trinkgeld zeigt der Steuermann die diversen Meeresskulpturen. Ischia ist umringt von Tuffsteingebilden, die das Meer und der Wind geformt haben – wie *Il Fungo* (»Pilz«) › **S. 109** vor Lacco Ameno. Mit etwas Fantasie erkennt man einen »Elefanten«, einen »Riesen« oder eine »schlafende Schöne«.

- **Busverbindungen:** Das Busnetz auf Ischia ist gut organisiert. Von Ischia Porto zu allen Ortschaften der Insel. Info im SEPSA-Büro, Via M. Mazzella, Tel. 0 81 99 18 08. Tickets am Kiosk.

HOTELS

Die Insel Ischia ist reich ausgestattet mit Hotels jeder Preisklasse. Die meisten Häuser bieten nur Voll- oder Halbpension an, und die meisten schließen im Winter. Hotels ab der mittleren Preisklasse verfügen fast immer über eigene Thermal- und Kuranlagen. In vielen Hotels ist in der Regel ein größeres Kontingent für Pauschalreisende reserviert. Oft ist eine Pauschalreise nach Ischia das günstigste. Hotelverzeichnis und Onlinebuchung z. B. unter www.ischiaonline.it.

La Scogliera €€–€€€

Angenehmes Strandhotel im (wegen seiner Sonnenuntergänge) besonders beliebten Ort, farbenfrohe, individuell gestaltete Zimmer in einer weißen Villa, Kosmetik und Massage im Haus.

- Via Aiemita 27 | Forio
  Tel. 081 98 7651 | www.hotellascogliera.it

Villa Antonio €–€€

Auf Klippen gegenüber dem Castello Aragonese gelegen, Terrasse und Meeresblick. sowie Thermalbecken. Nur Frühstück. Nov.–März geschl.

- Via SS. Giovanni G. della Croce 77
  Ischia Ponte | Tel. 081 98 26 60
  www.villantonio.it

TRADITIONELLES KUR-PARADIES ISCHIA

In den Thermalgärten Aphrodite-Apollon auf Ischia

Ischia war schon während der Jungsteinzeit (um 3500 v. Chr.) besiedelt. Die frühen Bewohner lebten von Öl- und Weinbau, sie formten Gefäße aus Ton, züchteten Haustiere und betrieben in Maßen Fischfang. Im 8 Jh. v. Chr. kamen die Griechen auf die Insel, die hier vor allem andernorts geförderte Erze verarbeiteten: Ausgrabungen brachten Spuren eines regelrechten Industriezentrums mit Eisen- und Bronzeschmieden zutage. Auf die Griechen folgten die Römer, die hier ihre Villen erbauten und die Heilkraft der Thermalquellen entdeckten.

Nach dem Untergang Roms stürmten Barbaren und Sarazenen die Küsten Ischias und richteten teils schwere Verwüstungen an. Die Bevölkerung zog sich ins Inselinnere und auf den Castello-Hügel zurück, wo der Hauptort der Insel entstand. Seit dem 11. Jh. steht hier ein Kastell, das im 14. Jh. von den aragonesischen Herrschern ausgebaut wurde. Als Residenz adeliger Frauen diente es im 16. Jh. Die eher archaisch lebende Bevölkerung war von wechselnden Herren abhängig. Erst als der revolutionäre Gedanke von Frankreich übersprang, kam es zur Freiheitsbewegung der Ischitaner, die blutig niedergeschlagen wurde. 1861 wurde Ischia Teil des neuen, vereinigten italienischen Staates.

Nach dem Zweiten Weltkrieg begann sich Ischia allmählich in ein Kur- und Urlaubsparadies zu verwandeln. Heute beherbergt die Insel während der Hauptsaison gut das Zehn- bis Fünfzehnfache ihrer angestammten Einwohnerschaft, die sich nahezu total dem touristischen Dienstleistungsgewerbe verschrieben hat.

RESTAURANTS

Cocò €€

Gutes Fischlokal an der Brücke zum Castello, abends Bar. Okt.–März Mi geschl.

- Pzzale Aragonese | Ischia Ponte
  Tel. 081 98 18 23
  www.ristorantecocoischia.it

L'Altra Mezzanotte €€

Sympathisches Fischrestaurant am Hafen, das auch Pizza serviert.

- Via Porto 71 | Ischia Porto
  Tel. 081 98 17 11

AKTIVITÄTEN

- **Fahrradfahren:** Sie können die Insel mit dem Fahrrad (anstrengend!) oder dem Motorroller umrunden. Mehrere Vermieter gibt es z. B. in Ischia Porto.
- **Tennis:** Die meisten Tennisplätze gehören zu Hotels, sind jedoch auch Nichtgästen zugänglich.
- **Segeln:** In den Häfen von Ischia Porto und Casamicciola können Boote ausgeliehen werden.
- **Surfing:** An den Stränden von Forio und Maronti gibt es Surfschulen und Surfbretter zum Leihen.
- **Tauchen:** Die bevorzugten Tauchreviere befinden sich an der felsigen Südküste östlich von Sant'Angelo.
- **Wandern:** Ischia ist ein ideales Gebiet sowohl für kürzere als auch für längere Wanderungen. Allerdings darf man keine perfekt ausgeschilderten und unterhaltenen Wege erwarten, man geht überwiegend auf den Pfaden der Hirten, Wegmarkierungen sind eher selten. Gutes Schuhwerk ist unbedingt notwendig, um heil über das schüttere, scharfkantige Lavagestein zu kommen. Genügend Trinkwasser darf im Wandergepäck keinesfalls fehlen.

FESTE

- **Karfreitagsprozession,** Ischia Ponte.
- 26. Juli: **Festa di Sant'Anna,** Ischia Ponte, Bootsrennen, Feuerwerk.

CASAMICCIOLA TERME 3 A4

Der Ort an der Nordküste Ischias ist über die rund um die Insel führende S.S. 270 erreichbar. Zusammen mit Ischia Porto und Lacco Ameno bildet Casamicciola Terme das eigentliche Kurgebiet der Insel. Hier entspringen die meisten Quellen. Viele Hotels und Pensionen besitzen eigene Thermalkomplexe und sind auf Kuren und Wellness spezialisiert. Der etwa halbstündige Spaziergang hinauf zur **Sentinella** wird mit einem tollen Blick über die Dächer Casamicciolas belohnt.

PARCO TERMALE CASTIGLIONE

In den Terrassen am steilen Hang östlich von Casamicciola an der Nordküste der Insel, gleich in der nahe des Fähranlegers, breitet sich der gepflegte Thermalpark mit schönen alten Bäumen aus. Die Anlage hält ein großes Wellness- und Sportangebot bereit (Via Castiglione 62, Tel. 081 98 25 51, www.termecastiglione.it, Mitte April bis Mitte Okt. 9–19 Uhr).

Mit eigener Thermalquelle und zeitgemäßem Kurcenter verwöhnt auch das nahegelegene Hotel Le Querce seine erholungsbedürftigen Gäste. Ein idyllischer Strand liegt nur ein paar Gehminuten vom Hotel entfernt (€€, Via Baldassarre Cossa 55, Tel. 081 98 23 78, http://de.albergolequerce.com, ganzjährig geöffnet).

WANDERN AB CASAMICCIOLA

Die Hänge des **Monte Epomeo** (787 m) hinter Casamicciola sind einladend, die Wege hinauf zum höchsten Gipfel der Insel gut begehbar, auch wenn die meisten Wanderer in Fontana auf der anderen Seite des Berges starten › S. 113. Ziel einer weiteren kleinen Wanderung ist der **Monte Rotaro** 4 (266 m). Die Strecke führt am Krater **Fondo d'Oglio** vorbei, der zwar erloschen, jedoch reich an Fumarolen ist.

Wer über eine entsprechende Kondition verfügt, kann auch noch die bewaldeten Hänge des **Monte Trippodi** 5 (503 m) hinaufsteigen, und in dessen Nähe einen der größten Krater auf der Insel, den **Fondo Ferraro**, erkunden. Darüberhinaus bietet sich das Bergdörfchen **Fiaiano** 6 als Ziel an. Es bietet eine Fernsicht bis zum Castello Aragonese. Von hier fährt ein Bus bis nach Ischia Porto, doch lässt sich der Weg auch zu Fuß sehr gut bewältigen.

TOUR AUF ISCHIA

TOUR 7

INSELRUNDTOUR ISCHIA

Ischia Porto › Ischia Ponte › Casamicciola Terme › Lacco Ameno › Forio › Poseidon-Gärten › Sant'Angelo › Lido dei Maronti › Ischia-Stadt

HOTELS

La Madonnina €€
Privatstrand, natürliches Thermalbecken, Meerblick. Zimmer mit Frühstück oder Halbpension. Mitte Okt.–Mitte April geschl.

- Via Salvatore Girardi 8 | Casamicciola
  Tel. 08 13 33 01 70
  www.hotellamadonnina.it

Terme Elisabetta €€
Renovierte alte Villa in schöner ruhiger Lage. Hier ist man auf Kurbehandlungen spezialisiert. Nov.–Feb. geschl.

- Corso Giuseppe Garibaldi 93
  Casamicciola | Tel. 081 99 43 55
  www.hoteltermeelisabetta.it

Villa Fiorentina €–€€
Preiswerte Unterkunft im Grünen auf dem Hügel. Auch Apartments mit Selbstversorgung. Nov.–März geschl.

- Via Cretaio 92 | Casamicciola
  Tel. 081 98 02 34
  www.hotelvillafiorentina.com

SHOPPING

Keramik ist das älteste Kunsthandwerk auf Ischia. Die Brüder **Menella** betreiben eine traditionsreiche Werkstatt.

- Via Salvatore Girardi 47
  Casamicciola | www.mennella.it

NIGHTLIFE

Treffpunkt am Abend ist die Piazza Marina in Casamicciola mit der **Bar Calise.**

LACCO AMENO 7 A4 UND UMGEBUNG

Verlässt man Casamicciola in Richtung Westen, so kommt bereits nach kurzer Fahrt die elegante Silhouette von Lacco Ameno in Sicht. Davor ragt ein in Pilzform ausgewaschener Felsen, »Il Fungo«, aus dem Wasser, das malerische Wahrzeichen des Ortes. Lacco Ameno, in den 1950er- und 1960er-Jahren Treffpunkt des internationalen Jetsets, steht auf historisch bedeutsamem Boden: Hier entstand vor rund 2600 Jahren die erste griechische Siedlung (Pithekoussai) auf Ischia. Die sehenswerten Fundstücke aus dieser Zeit sind in der **Villa Arbusto** ausgestellt Corso Rizzoli 210, Di bis So, 9 bis 17 Uhr, 5 €).

Im Terrassengarten La Mortella

CHIESA SANTA RESTITUTA

Die Kirche Santa Restituta beherrscht den eleganten Platz vor dem Rathaus. Um die Heilige, die Kirche und Piazza den Namen gab, rankt sich eine Legende: Die frühchristliche Märtyrerin soll an der nordafrikanischen Küste gefesselt in einem Boot ausgesetzt und im Jahr 282 hier an Land gespült worden sein. Seitdem ist sie die Schutzpatronin der Insel, der im Mai drei Festtage gewidmet sind. In der Krypta sind Exponate aus Antike und frühchristlicher Zeit ausgestellt (Juni–Aug. tgl. 9.30–12.30, 17–19, sonst tgl. 9.30–12.30, 16–18 Uhr).

MONTE VICO UND LIDO DI SAN MONTANO 8 A4

Lacco Ameno zur Seite erhebt sich der **Monte Vico,** ein ins Meer hinausragendes Vorgebirge, auf dem in einmaliger Lage das Hotel San Montano › S. 111 thront. Gleich dahinter öffnet sich der sehr gepflegte **Lido di San Montano** mit einem Thermalschwimmbecken. Auf dem Weg dorthin passiert man die Welt der Reichen, die sich im modernen Lacco Ameno niedergelassen hat. Hier liegt der **Parco Termale Negombo,** eine der schönsten Thermalanlagen der Insel, inmitten der üppigen Vegetation, terrassenförmig angelegt mit Blick auf die Bucht von San Montano (Via San Montano, Lacco Ameno, Tel. 081 98 61 52, www.negombo.it, Mitte April bis Okt.).

LA MORTELLA 9 A4

Auf dem Weg von Lacco Ameno nach Forio versteckt sich ein botanisches Highlight: der Terrassengarten La Mortella, den der englische

Komponist Sir William Walton über Jahrzehnte hinweg schuf (Via Francesco Calise 45, Forio, www.lamortella.org, April–Okt. Di, Do, Sa/So 9–19 Uhr).

HOTELS

Albergo San Montano €€€

Einzigartige Lage auf dem Monte Vico. Thermalbecken und höchster Komfort. Halb- und Vollpension. Mitte Okt.–Mitte April geschl.

- Via Nuova Montevico 26
  Lacco Ameno
  Tel. 081 99 40 33
  www.sanmontano.com

L'Albergo della Regina Isabella €€€

Das große Haus verwöhnt die Gäste rundum. Thermalbecken. Vollpension. Nov.–März geschl.

- Piazza Santa Restituta 1
  Lacco Ameno
  Tel. 081 99 43 22
  www.reginaisabella.it

FESTE

- 16.–18. Mai: **Festa di Santa Restituta,** Wasserprozession, bunter Markt.

FORIO 10 A4 UND UMGEBUNG

An der Westseite der Insel liegt der im Kern mittelalterliche Ort: Kuppeln und Türme überragen weiße kubische Häuser. Lange war Forio ein beliebtes Künstlerdomizil und wurde erst spät für den Tourismus entdeckt. Beim Spaziergang durch die pittoresken Gassen mit ihren Bogen, Loggien und Treppen können Besucher die ursprünglich bäuerliche Vergangenheit allerdings noch erahnen.

CHIESA SANTA MARIA DEL SOCCORSO

Beliebter Aussichtspunkt und Wallfahrtsziel ist die strahlend weiße Marienkirche aus dem 16. Jh. auf einem Felsvorsprung in der Nähe des Hafens. Im Innenraum zeugen Votivtafeln, Heiligenfiguren und Schiffsmodelle von ihrer Funktion als Schutzkirche der Seefahrer und Fischer. Die Altäre sind mit buntem Marmor kunstvoll verziert.

POSEIDON-GÄRTEN 11 A4/5

Eine abwechslungsreich gestaltete Thermallandschaft mit 20 Pools (28 bis 40 °C), Palmen und Oleanderbüschen direkt an der Spiaggia di Citara bieten die Poseidon-Gärten (Forio, Tel. 08 19 08 71 11, www.giardiniposeidonterme.com, Mitte April bis Okt. tgl. 9–19 Uhr).

VILLA RAVINO

Der Besitzer der Villa Ravino hat am Hang vor seinem Haus einen hübschen **Kakteengarten** angelegt. Hier kann man sich in Ruhe umschauen, in der Lounge-Bar den grandiosen Blick auf das Meer genießen oder ein Apartment mieten (Via Prov. Panza 140b, Forio, Tel. 081 99 77 83, www.ravino.it, Mi, Fr bis Mo 9 Uhr bis Sonnenuntergang, 9 €, erm 5 €).

HOTELS

Umberto a Mare €€

Alle Zimmer zum Meer, einfach. Halbpension. Nov.–März geschl.

- Via Soccorso 2 | Forio
  Tel. 081 99 71 71
  www.umbertoamare.it

Mare Luna €
Sympathische Familienunterkunft bei Forio. Halbpension. Nov.–April geschl.
- Via Madonna delle Grazie 51
  Forio-Panza | Tel. 081 18 51 12 72
  www.hotelmareluna.com

RESTAURANTS

Da Leopoldo €€
Beliebtes Gartenrestaurant, auch Holzofenpizza.
- Via Scannella 12 | Forio-Panza
  Tel. 081 90 70 86

Umberto a Mare €€
Restaurant mit Terrasse direkt über dem Meer. Die Spezialitäten sind Fisch, Meeresfrüchte und Pasta.
- Im gleichnamigen Hotel > **S. 111**

SHOPPING

In Forio lohnt ein Besuch beim Keramikkünstler **Franco Calise,** der Majoliken traditionell bemalt.

FESTE

- Anf. September: **Wein- und Traubenfest** in Forio, Panza, Sant'Angelo.

SANT'ANGELO 12 A5

Der kleine Ort Sant'Angelo liegt malerisch auf einer Landzunge. Aus dem einstigen Fischerdorf ist ein beliebtes, exklusives Touristennest geworden, frei von Autos und nur über Treppchen und schmale Steige begehbar. Alles was man braucht, wird von Mauleseln transportiert.

GIARDINI TERMALE APHRODITE-APOLLON

Westlich des Dorfes erstreckt sich ein Strand, der reich ist an Fumarolen und heißen Quellen. Vorsicht! Der Sand bei den Fumarolen ist so heiß, dass man darauf Eier kochen könnte. Seine herrlichen parkähnlichen Thermalbadanlagen stehen den Poseidon-Gärten in nichts nach (Thermal Park & Spa, Aphrodite Apollon, Via Comandante Maddalena 55, Tel. 081 99 92 19, www.miramaresearesort.it/aphrodite, April bis Nov. tgl. 8–18 Uhr).

TERME DI CAVASCURA

Nur einen kurzen Fußmarsch vom Strand entfernt liegen in einem tief eingeschnittenen Tal die römischen Thermen von Cavascura mit ihren in den Felsen gehauenen Badekammern. Sie sind bis heute in Betrieb (Via Cavascura, Tel. 081 99 92 42, www.cavascura.it, Mitte April–Mitte Okt. tgl. 8.30–18 Uhr).

HOTELS

Casa Celestino €€–€€€
Pittoreskes Haus, alle Zimmer zum Meer, herrlicher Ausblick.
- Via Chiaia di Rose 20 | Sant'Angelo
  Tel. 081 99 92 13
  www.casacelestino.it

San Michele €€–€€€
Zentral, in Strandnähe gelegen. Schöner Blick von der Terrasse. Mitte Okt.–Mitte April geschl.
- Via S. Angelo 60 | Sant'Angelo
  Tel. 081 99 92 76
  www.hoteltermesanmichele.it

Casa Garibaldi €–€€
Schön im Grünen. Mit Thermalbecken. Herrliche Panoramaterrasse. Nov.–Mitte März geschl.

- Via Sant'Angelo 52 | Sant'Angelo
  Tel. 081 99 94 20 | www.casagaribaldi.it

WANDERUNG AUF DEN MONTE EPOMEO 13 A4

Serrara Fontana ist ein Konglomerat von mehreren kleinen Bergdörfern. Von Sant'Angelo ist die Ortschaft entweder über die Straße oder über Treppenwege zu erreichen. Serrara Fontana ist der Ausgangspunkt für die Exkursion auf den Monte Epomeo. Der Berg, geologisch eine vulkanische Bruchscholle, erreicht 787 m. Die Krater sind seit dem 15. Jh. erloschen. Davor sollen sie beständig Glut und Feuer gespuckt haben, sodass die Insel den Seefahrern als natürlicher Leuchtturm diente. Spannend ist der Aufstieg von **Serrara** 14 A4 am Hang entlang, der den Wanderer über die sogenannten **Falanga** mit Blick auf Forio zum Gipfel bringt (ca. 2 Std.). Die lochartigen Grotten in der Falanga dienten in den vergangenen Jahrhunderten übrigens zur Aufbewahrung von Schnee: In die Hohlräume gestopft und mit Kastanienlaub und Stroh bedeckt, hielt er den ganzen Sommer über. In gut isolierten Körben wurde er auf Eselsrücken hinunter in die Ortschaften geschafft und dort zu Speiseeis verarbeitet.

Der kürzeste und am häufigsten gewählte Weg auf den Gipfel beginnt in **Fontana** 15 A4 (ca. 1 Std.). Den Aufstieg kann man auch auf dem Eselsrücken unternehmen. Nahe des Gipfels steht die ehemalige Einsiedelei **San Nicola** 16 mit der gleichnamigen, in den Fels gehauenen Kapelle. Das Kloster mit seinen direkt in den Tuffstein geschlagenen Zellen ist heute ein beliebtes Ausflugslokal (La Grotta da Fiore, http://epomeolagrotta.com). Von dort hat man einen großartigen Blick über Ischia, bei klarer Wetterlage von Capri bis zu den Pontinischen Inseln. Von der ehemaligen Klosterzelle Nr. 8 heißt es, dass die Mönche sie früher für junge Liebespaare bereithielten, die sich hierher flüchten konnten, wenn ihre Familien gegen ihre Vereinigung waren.

BARANO 17 A4/5 UND UMGEBUNG

Eine schmale Straße führt von Fontana zum Bergdorf **Buonopane.** Hier beginnt der am wenigsten bekannte Teil der Insel, die Gegend

ISCHIAS THERMEN

- Die zehn Pools des **Thermalparks Castiglione** verteilen sich über begrünte Terrassen mit herrlichem Weitblick über das Meer. > S. 107
- Im üppig begrünten **Parco Termale Negombo** fühlt man sich fast wie in den Tropen. Vielfältige Wasseranwendungen. > S. 110
- Forios **Poseidon-Gärten** überzeugen vor allem durch ihre Lage direkt am Wasser > S. 111
- In den terrassenförmig angelegten **Aphrodite und Apollon-Gärten** in Sant'Angelo kann man sich rundum verwöhnen lassen. > S. 112

um Barano mit mehreren nah beieinander liegenden Weilern. Die Bergbevölkerung lebt noch weitgehend von Weinbau und Kleintierzucht. Das, was Weinberg und Ställe hervorbringen, wird in den Tavernen längs der Straße angeboten. Der Ort **Barano** bietet sich als Ausgangspunkt für eine Reihe reizvoller Abstecher zu Fuß und mit dem Auto an, unter anderem in das Bergdorf **Fiaiano.**

LIDO DEI MARONTI 18 A5

Ein kurvenreiches Sträßchen windet sich von Barano über den Ort Testaccio hinunter zum berühmten Lido dei Maronti, einem herrlich gelegenen, breiten Sandstrand von 2 km Länge; er schließt im Osten an den Fumarolen-Strand von Sant' Angelo an. > **mehr S. 15 Punkt 17**

LA'NDREZZATA

Das ischitanische Dörfchen **Buonopane** ist die Heimat eines merkwürdigen Tanzes mit dem unaussprechlichen Namen *'ndrezzata* – dieser uralte Männertanz ist der Tarantella verwandt. In historischen Kostümen und mit Holzschlegeln bewaffnet, treten die Männer tänzerisch gegeneinander an. Klarinetten- und Tamburinspieler begleiten den scheinbaren Kampf, der auf eine Fehde zwischen zwei Ortschaften zurückgehen soll. Eigentlicher Tanztermin ist der 24. Juni, doch ist die *'ndrezzata* inzwischen so beliebt, dass sie bei vielen Veranstaltungen den ganzen Sommer über zu sehen ist.

HOTELS

Parco Smeraldo Terme €€€
Direkt am Strand, mit allem Komfort; Sport-, Thermal- und Kuranlagen. Vollpension. Mitte Okt.–Mitte April geschl.
- Spiaggia dei Maronti
  80070 Barano
  Tel. 081 99 01 27
  www.hotelparcosmeraldo.com

Hotel St. Raphael Terme €€
Etwas oberhalb des Strandes. Thermalbecken. Vollpension. Jan.–März geschl.
- Via P. Maronti 5 | Barano
  Tel. 081 99 05 08
  www.hotelsaintraphaelischia.it

Hotel Internazionale €€
Im Inselinneren in kühler Höhe gelegen. Vollpension. Nov.–März geschl.
- Via Acquedotto 33 | Fiaiano
  Tel. 081 90 13 15
  www.hotelinternazionaleischia.com

Casa Antonio €
Ruhige Pension oberhalb des Maronti-Strandes mit Blick aufs Meer. Nov.–Mitte April geschl.
- Via Giorgio Corafà 55 | Barano
  Tel. 081 99 04 44
  www.casantonio.it

RESTAURANT

Il Focolare €€
Typische Inselküche, u. a. Kaninchen und natürlich Pasta.
- Via Cretaio al Crocefisso 3
  Barano | Tel. 081 90 29 44
  www.trattoriailfocolare.it

PROCIDA B4

IM NORDEN DER INSEL

Das Städtchen **Procida** 19 (10 500 Einw.) ist ein Fischernest geblieben. Fischfang ist immer noch wichtiger Erwerbszweig vieler Familien. Ansonsten gleicht es eher einem kleineren und friedlicheren Neapel. Hoch über dem Hafen thront auf einem Felsen die **Terra Murata,** das »gemauerte Land«, ein Konglomerat aus ineinander verschachtelten Wohnhäusern, engen Gassen, Zitadelle, Palast und Kloster. Das **Kastell** (16. Jh.) diente bis vor wenigen Jahren als Gefängnis.

Von der **Aussichtsterrasse** neben der ehemaligen Kerkerburg bietet sich ein wundervoller Blick über die reizvolle Ostküste und auf den Fischerhafen. Nicht weit davon steht **San Michele Arcangelo,** die Hauptkirche der Insel, mit ihrer charakteristischen dreifachen Kuppel. Im Inneren beeindruckt die schöne Kassettendecke, in deren Mitte auf einem Fresko des bekannten neapolitanischen Malers Luca Giordano der Erzengel Michael den Teufel bezwingt. In der Krypta ist eine neapolitanische Krippe aufgebaut (Mo 10–12.45, Di–Sa 10–12.45 und 15–17, So 10.30–12.45 Uhr).

In den kleinen Fischerhafen von Coricella auf Procida verirren sich kaum Touristen

Karte S. 108

Den besten Blick auf das schönste Dorf von Procida genießt man vom Eingang zur Terra Murata nicht weit von der Kirche San Michele. **Corricella,** der Hafen der Fischer, ist bis heute nur mit dem Boot oder zu Fuß über ein Labyrinth steiler Treppen zu erreichen. Pastellfarbene, übereinander gestapelte Häuser, scharen sich um die schmale Hafenpromenade.

DER SÜDEN PROCIDAS

Im Süden der Insel liegt **Marina Chiaiolella** 20. Vor ein paar Restaurants öffnet sich hier ein kleiner runder Jachthafen (ein ehemaliger Krater). Gegenüber liegt das unbewohnte felsige Eiland **Vivara,** ein kleines Naturschutzgebiet und Heimat zahlloser Kaninchen und einiger seltener Vogelarten. Nördlich vom Jachthafen erstreckt sich der **Lido Chiaiolella,** schön zum Baden mit Blick auf Ischia. Die mäßig steile, reizvolle Ostküste muss man zu Fuß erwandern. Von Chiaiolella bis Procida-Hafen wandert man eine Stunde, mit Blick auf Capri und die Sorrentinische Halbinsel. Man kann sich auch von einem der dreirädrigen Minitaxis herumfahren lassen.

BUCH-TIPP

Elsa Morante hat Procidas Atmosphäre im Roman »Arturos Insel« eingefangen (Wagenbach, 2009).

INFO

Pro Loco Procida

- Via Antonio Scialoia 6
  80079 Procida
  www.prolocodiprocida.it

VERKEHR

- **Busverbindungen:** Es gibt 4 Omnibuslinien auf Procida. Linie C1 fährt vom Hafen Sancio Cattolico zum Strand Spiaggio del Postino im Nordwesten. Linie L1 zur Marina Chiaiolella im Süden. Fahrpläne unter www.procida.net/orariautobusprocida.htm
- **Schiffsverbindungen:** Autofähre nach Neapel, Pozzuoli und Ischia. Tragflügelboot (Aliscafo) nach Neapel.

HOTELS

Casa sul Mare €€

Adrette Zimmer in einem Palazzo aus dem 18. Jh. über Corricella mit sehr schönem Ausblick.

- Via Salita Castello 13
  Procida
  Tel. 08 18 96 87 99
  www.lacasasulmare.it

Island Tour

Das engagierte Reisebüro vermietet charmante Fischerhäuser in Corricella.

- Via Flavio Gioia 37
  Procida | Tel. 08 18 96 95 94
  www.isoladiprocida.it

RESTAURANT

Crescenzo €€

Speisen mit Blick auf die Insel Vivara. Bietet auch 10 Zimmer zur Übernachtung.

- Via Marina Chiaiolella 33
  Procida | Tel. 08 18 96 72 55
  www.hotelcrescenzo.it

FESTE

- **Karfreitagsprozession:** Die *misteri,* geschnitzte religöse Szenen, werden von der Kapuzenbruderschaft zur Terra Murata, dem höchsten Punkt der Insel, gebracht. > **mehr S. 12 Punkt 5**

DIE HALBINSEL VON SORRENT

Hafenorte wie Cetara haben den begrenzten Baugrund an der steilen Amalfiküste optimal genutzt.

Dramatisch steil fällt die Küste der sorrentinischen Halbinsel zum Meer hin ab. Eine Bucht folgt der anderen, kleine Orte drängen sich in jede Spalte oder ziehen sich die atemberaubend steilen Hänge hinauf.

Die Halbinsel von Sorrent formt den Abschluss des Golfs von Neapel. Das Rückgrat der Halbinsel bilden die **Monti Lattari**, eine wilde, zerfurchte Bergkette von fast alpinen Dimensionen. Besonders steil und unzugänglich fallen die Monti Lattari an der Costiera Amalfitana ab und formen dadurch eine der schönsten italienischen Küstenlandschaften. Nahezu senkrecht bricht die Felskante ins Meer, die Schroffheit wird nur von der üppig grünen Vegetation gemildert.

Jeder noch so kleine Felsvorsprung wird genutzt, zum Hausbau, für einen winzigen Garten oder eine Zitronenplantage. Die leuchtend gelben Zitrusfrüchte reifen in dem milden Klima zu erstaunlicher Größe heran und werden oftmals gleich vor Ort zu Limoncello, einem fruchtigen Likör verarbeitet.

In zahllosen Kurven schlängelt sich die schmale **Amalfitana** auf halber Höhe den Hang entlang und gibt immer wieder herrliche Ausblicke frei. Kein Wunder, dass die Küstenstraße jedes Jahr von neuem einen Ansturm von Besuchern aus aller Welt erlebt. Luxuriöse und traditionsreiche Hotels besetzen die besten Plätze in Amalfi, Ravello und Positano. Es sind Orte mit magischen Namen, die schon seit Anbeginn des Tourismus vor rund 200 Jahren zu den Sehnsuchtszielen gehörten.

Die Fischer finden kaum noch Nachwuchs, der das traditionelle Handwerk erlernen möchte

TOUREN IN DER REGION

TOUR 8

DIE AMALFITANA

ROUTE: Vietri sul Mare > Capo d'Orso > Maiori > Minori > Ravello > Amalfi > Positano

KARTE: Seite 126
DAUER: 2 Tage
PRAKTISCHE HINWEISE:

- Theoretisch schafft man die unzähligen Kurven der Amalfitana in 2–3 Stunden. Doch in der Hauptsaison kann es durchaus passieren, dass sich der Verkehr auf der gesamten Strecke staut.
- Für Wohnwagengespanne und Wohnmobile ist die Amalfitana zwischen 6.30 und 24 Uhr gesperrt.
- Prinzipiell ermöglicht der eigene Wagen auf dieser Strecke unzählige Stopps, doch in der Realität gibt es unterwegs kaum Parkmöglichkeiten, sodass selbst der Fotohalt oft ausfallen muss. In den Ortschaften gibt es wenige teure Parkplätze.

TOUR-START:

Die Amalfitana beginnt in **Vietri sul Mare** 21 > S. 133. Bevor man sich jedoch auf die kurvenreiche Strecke begibt, sollte man allerdings die Keramikwerkstätten der Ortschaft in Augenschein nehmen, einen Abstecher zum Strand machen und im Ortsteil Raito das Keramikmuseum besuchen.

Über **Cetara** und das aussichtsreiche **Capo d'Orso** 20 > S. 133 geht es als Erstes nach **Maiori** 19 > S. 132, das wegen seines verhältnismäßig langen Strandes viel Zulauf hat. > mehr S. 13 Punkt 11 Nach weiteren Kurven gilt es, die Abzweigung nach **Ravello** 18 > S. 130 nicht zu verpassen, das auf einer abenteuerlich engen und kurvigen Straße zu erreichen ist. Hier sollte man sich einquartieren, denn der Ort hat mit Dom, Villa Cimbrone und Villa Rufolo > S. 131 einige Sehenswürdigkeiten zu bieten. Zudem liegt er in frischer Luft hoch über dem Golf.

Am nächsten Morgen ist es nicht weit bis **Amalfi** 15 > S. 127, wo man den Dom besuchen und einen Spaziergang durch die Altstadt machen sollte. Nach dem Besuch der **Grotta dello Smeraldo** 11 > S. 126 steht noch der etwas anstrengende Spaziergang durch **Positano** 8 > S. 124 auf dem Programm. Das einst so arme Fischerdorf war bis zur Mitte des vorigen Jahrhunderts von Abwanderung gezeichnet, heute tummeln sich massenhaft Touristen aus aller Welt in seinen engen Gassen. Nach dem strapaziösen Aufstieg belohnt man sich am besten mit Kaffeepause und Traumpanorama im kleinen Café Chiostro del Sentieri dei Dei (Via Pizzillo Borgo Di Nocelle).

TOUR 9

RUND UM DIE SORRENTINISCHE HALBINSEL

ROUTE: Sorrento > Massa Lubrense > Punta Campanella > Sant'Agata sui Due Golfi > Positano > Praiano > Castellammare di Stabia

KARTE: Seite 126
DAUER: 2 Tage
PRAKTISCHER HINWEIS:
- Wer die Strecke mit dem Auto fährt, darf keine Angst vor engen Kurven und muss viel Geduld bei der Parkplatzsuche haben.

TOUR-START:
Die Tour beginnt in der hübschen Altstadt von **Sorrento** 4 > S. 121, die wunderschön am Rande einer steil ins Meer abbrechenden Hochebene liegt. Von hier geht die Fahrt an der Küste entlang nach **Massa Lubrense** 5 > S. 123, einem betriebsamen Ort mit schöner Marina.

Auf engen Straßen fährt man weiter nach Termini, das als Ausgangspunkt für einen Abstecher zur **Punta Campanella** 6 > S. 123 dient, der äußersten Spitze der Sorrentinischen Halbinsel.

Nach derm Ausflug folgt man von Termini aus der Straße nach **Sant'Agata sui Due Golfi** 7 > S. 124, einem Ort, von dem man sowohl den Golf von Salerno als auch den Golf von Neapel überblicken kann. Danach ist bald das Tagesziel **Positano** 8 > S. 124 erreicht. Beim Ortsbummel sind steile Gassen zu erklimmen.

Am nächsten Tag fährt man weiter auf der Amalfitana bis **Praiano** 9 > S. 125, biegt dann ins Landesinnere ab und durchquert auf kurvigen Straßen die **Monti Lattari.** > mehr S. 12 Punkt 6 Nach der Fahrt durch die Berge erreicht man die Küste und das an einer weiten Bucht gelegene **Castellammare di Stabia** 2 > S. 120.

UNTERWEGS IN DER REGION

MONTE FAITO 1 E5

Auf der Küstenstraße gelangt man nach **Castellammare di Stabia** 2, wo man am Circumvesuviana-Bahnhof die Seilbahn zum 1131 m hohen Monte Faito besteigen kann (April–Mitte Nov.). Von der Bergstation führt ein Wanderweg nach Südosten in Richtung Gipfel. Alternativ kann man an der Küste weiterfahren bis nach **Vico Equense** 3, einer Kleinstadt auf einem ins Meer ragenden Tufffelsen. Hier beginnt eine kurvenreiche Strecke auf den Aussichtsberg, von dem der Blick über die Halbinsel und den Golf reicht.

SORRENTO 4 D5

Die Stadt (16600 Einw.) thront am Rand der steil ins Meer abbrechenden Hochebene. Der Blick geht auf den Golf, der Vesuv liegt direkt gegenüber. Prunkvillen, Nobelhotels aus der Belle Époque und gepflegte Uferpromenaden bestimmen das Stadtbild. Apfelsinen- und Zitronenbäume zieren Gärten und Umgebung. Sorrent war in der Antike eine Sommerfrische der römischen Aristokratie. Um 1900 entdeckten englische Dichter die Stadt, die seitdem begehrtes Ziel Italienreisender aus Gefilden nördlich der Alpen ist.

SEDILE DOMINOVA

Zentrum des Ortes ist die Piazza Torquato Tasso, so benannt nach dem berühmten Renaissancedichter (1544–1595), der hier geboren wurde. Nicht weit, an der Ecke Via Giuliani/Via Cesareo steht der Sedile Dominova, einstiges Versammlungsgebäude des Stadtadels. Heute ist es im Besitz eines Arbeiterzirkels. Es ist das einzige erhaltene Exemplar einer für die Golfregion im 15. Jh. typischen Bauform. Die Majolikaverkleidung der Kuppel stammt aus dem 17. Jh.

Der Sedile Dominova

MONASTERO E CHIOSTRO DI SAN FRANCESCO

An der Piazza Gargiulo ist der Franziskanerkonvent und sein reizvoller Kreuzgang mit gotischen Spitzbogen (13. Jh.) sehenswert. Der angrenzende frühere Klostergarten, die heutige Villa Comunale, ist wohl einer der schönsten Stadtparks, die es gibt. Von der Aussichtsterrasse blickt man über den Golf mit dem Vesuv im Hintergrund.

MUSEO CORREALE DI TERRANOVA

Über die Via Correale erreicht man das Museo Correale in einem Adelspalast (17. Jh.). Es präsentiert griechische und römische Skulpturen sowie eine bedeutende Sammlung von *arti minori* (Kunsthandwerk): Majoliken, Möbel, Uhren aus dem 17./18. Jh. und Andenken an Torquato Tasso (Di–Sa 9.30–18.30, So bis 13.30 Uhr, www.museocorreale.it, 8 €, erm. 3 €).

VILLA POLLIO FELICE

Die Reste der römischen Villa (1. Jh. n. Chr.) an der Punta del Capo,

3 km westlich des Ortszentrums, kann man zu Fuß erreichen. Sie ist nach einem römischen Prokonsul benannt. > mehr S. 12 Punkt 3

INFO

A. A. S. T.

- Via L. de Maio 35 | 80067 Sorrento
  Tel. 08 18 07 40 33
  www.sorrentotourism.com

VERKEHR

- **Fährverbindungen:** Fähren (50 Min.), Tragflügelboote (20 Min.) nach Capri.
- **Bahnverbindungen:** Circumvesuviana nach Pompeji und Neapel.
- **Busverbindungen:** Massa Lubrense, Sant'Agata, Positano, Amalfi. Abfahrt Stazione Circumvesuviana.

HOTELS

Es gibt eine Reihe von schönen Häusern aus dem 19. Jh. Viele Betriebe sind jedoch von Reiseveranstaltern gebucht, und die Hälfte außerhalb der Saison geschlossen.

Bellevue Syrene €€€

Klassizistischer Bau mit herrlicher Aussichtsterrasse. Halbpension. Jan.–Mitte März geschl.

- Piazza della Vittoria 5 | Sorrento
  Tel. 08 18 78 10 24 | www.bellevue.it

Excelsior Vittoria €€€

Grandhotel mit Deckenfresken, Stuck und höchstem Komfort. Jan.–März.

- Piazza T. Tasso 34 | Sorrento
  Tel. 08 18 77 71 11 | www.exvitt.it

La Tonnarella €€–€€€

Altes Haus am Meer, ruhig im Grünen gelegen. Herrliche Majolika-Dekorationen. Nov.–März geschl.

- Via Capo 31 | Sorrento
  Tel. 08 18 78 11 53
  www.latonnarella.it

Desiree €–€€

Nettes schlichtes Hotel in toller Lage. Die Altstadt erreicht man in wenigen Minuten zu Fuß.

- Via Capo 31 B | Sorrento
  Tel. 08 18 78 15 63
  www.desireehotelsorrento.com

Ostello delle Sirene €

Einfache Unterkunft, in der es neben Einzel- und Doppelzimmern auch Mehrbettzimmer gibt.

- Via degli Aranci 160 | Sorrento
  Tel. 08 18 07 29 25
  www.hostellesirene.com

CAMPING

International Camping Nube d'Argento

Campingplatz in toller Lage oberhalb der Marina Grande.

- Via Capo 21 | Sorrento
  Tel. 08 18 78 13 44
  www.nubedargento.com

RESTAURANTS

Caruso €€€

Edles Feinschmeckerlokal im Zentrum, das u. a. feine Menüs serviert.

- Via Sant'Antonino 12 | Sorrento
  Tel. 08 18 07 31 56
  www.ristorantemuseocaruso.com

O'Parrucchiano €€

Traditionsreiches Restaurant, mit Pavillons inmitten eines Zitrusgartens. Im Winter Mi geschl,

- Corso Italia 71 | Sorrento
  Tel. 08 18 78 13 21
  www.parrucchiano.com

SHOPPING

Sorrent ist berühmt für Holzintarsien, meist auf sehr zierlichen Möbeln. Prüfen Sie jedoch die Einlegearbeit vor dem Kauf: Zuweilen verbirgt der Klarlack nur eine Papierfolie!

FESTE

- 1. So im Juli: **Bootsprozession.**
- 26. Juli: **Festa di Sant'Anna** im alten Fischerhafen Marina Grande mit Abschlussfeuerwerk über dem Meer
- 1.–12. Sept.: **Festa della Madonna del Lauro** mit Jahrmarkt

MASSA LUBRENSE 5 D5

Das mittelalterliche Städtchen ist ein quirliges Ferienziel. Im alten Ortskern erhebt sich auf der Piazza Vescovado der **Bischofspalast** mit schöner Stuckfassade aus dem 18. Jh. Im alten Fischerdorf **Marina della Lobra** starten Bootsausflüge. Zu Füßen des Ortes steht die Kirche Santa Maria di Lobra mit ihren bunten Majolikakuppeln und dem hübschen Kreuzgang im Kloster nebenan. > mehr S. 16 Punkt 25

HOTELS

Piccolo Paradiso €€

Angenehmes Haus oberhalb der Marina mit Terrassenrestaurant und Pool.

- Piazza Madonna della Lobra 5
  Massa Lubrense | Tel. 08 18 78 92 40
  www.piccolo-paradiso.com

Sea Club Conca Azzura Resort €€

Hotel mit Feriendorfcharakter und Campingplatz in kleiner Bucht 1 km vor dem Ort. Mehrere Pools, Terrassengärten, gute Sportmöglichkeiten.

- Via Villazzano 3 | Massa Lubrense
  Tel. 08 18 78 96 66
  www.seaclubsorrento.com

SHOPPING

Limoncello u. a. Spezialitäten führt La Masseria, Via Pontescuro, Schiazzano (www.aziendaagricolalamasseria.com).

PUNTA CAMPANELLA 6 D6

Auf kleiner, kurvenreicher Straße fährt man zum **Dorf Termini.** Von dort führt ein Eselsweg zur Punta Campanella. Bei dem etwa 40-minütigen Spaziergang an die äußerste Spitze der Sorrentinischen Halbinsel taucht man ein in die sagenhafte Welt der Sirenen. Capri liegt zum Greifen nahe: Nur 6 km trennen es vom Festland. Der Sage nach sollen hier, in den felsigen Buchten der

GRATIS AM GOLF

- **Staatliche Museen und Ausgrabungsstätten** verlangen keinen Eintritt am 1. Sonntag jeden Monats von allen Besuchern. Immer frei ist der Besuch bis 18 Jahre.
- Das trutzige **Castel dell' Ovo** in Neapel kann kostenlos besichtigt werden > S. 59
- Der **Botanische Garten** in Neapel D3 (Via Foria 223) lässt sich gratis besuchen, einfach anmelden Tel. 081 25 33 937.
- Auf Capri ist die **Villa Damecuta** frei zugänglich > S. 100.

Punta Campanella, die Sirenen gehaust haben, märchenhafte Geschöpfe, halb Vogel, halb Frau, die so verführerisch sangen, dass die vorbeifahrenden Seeleute das Navigieren vergaßen und ihre Schiffe an den Klippen zerschellten.

SANT'AGATA SUI DUE GOLFI 7 D5

Nomen est omen: Von dem knapp 400 m hoch über dem Meer gelegenen Ferienort bietet sich ein wunderschöner Blick sowohl über den Golf von Neapel als auch über den Golf von Salerno. An besten ist die Aussicht, wenn man zum Kloster Deserto hinaufwandert (Hinweg etwa 20 Min.).

RESTAURANT

Don Alfonso 1890 €€€

2-Sterne-Lokal mit regionaler Küche und sehr gute Weinkarte. Unbedingt reservieren! Mo geschl.

- Corso Sant'Agata 11
  Sant'Agata sui Due Golfi
  Tel. 08 18 78 00 26
  www.donalfonso.com

POSITANO 8 E5

In Sant'Agata stößt man auf die berühmte »Straße des Blauen Bandes«, auf der man nach kurven- und panoramareicher Fahrt Positano (4000 Einw.) erreicht. Die reizvolle Kleinstadt schmiegt sich an einen Steilhang: Kaskadengleich fällt die Front der kubischen, hellrosa und gelb getünchten Häuser zum Meer ab. Das Zentrum ist weitgehend verkehrsfrei, Gassen und Treppen mit Torbögen dienen als Verbindungswege. › mehr S. 16 Punkt 31.

Positano wurde im Mittelalter als Seefahrerstadt gegründet und stand in Rivalität zum damals mächtigen Amalfi. Wegen seiner exponierten Lage musste es sich oft gegen Sarazenenüberfälle wehren. Vom Land her war Positano bis ins 19. Jh. nur

Positano ist der Realität gewordene Traum vom Sommerurlaub in Süditalien

über Maultierpfade zu erreichen. Um die Wende zum 20. Jh. wurde der malerische Ort von Künstlern entdeckt, die hier überwinterten. Er zog die Schriftsteller John Steinbeck und Stefan Andres ebenso an wie den Regisseur Franco Zeffirelli oder den Architekten Le Corbusier. > mehr S. 18 Punkt 37

Die Häuser sind in der typischen Küstenarchitektur gebaut: kubisch, teils mit flachen Kuppeldächern und Terrassen über kleinen Portici. Die Pfarrkirche **Santa Maria Assunta** mit ihrer grün schillernder Majolikakuppel steht nahe der Marina Grande, dem alten Fischerhafen. Positano lebt nicht mehr von der Fischerei, sondern ist zum eleganten Ferienort herangewachsen.

INFO

A. A. S. T.

- Via Regina Giovanna 13
  84017 Positano | Tel. 089 87 50 67
  www.aziendaturismopositano.it

VERKEHR

- **Schiffsverbindungen:** Fähren im Sommer von Amalfi, Salerno, Sorrento, und Neapel.
- **Busverbindungen:** Linienbusse auf der Küstenstraße nach Salerno, Sorrento.

HOTELS

In Positano und Umgebung gibt viele Unterkünfte jeder Kategorie, die aber oft außerhalb der Saison schließen.

Albergo Miramare €€€
Charmantes, familiengeführtes Hotel in perfekter Lage, nur wenige Minuten vom Strand entfernt.

- Via Trara Genoino 27 | Positano
  Tel. 089 87 50 02 |
  http://miramarepositano.it

Palazzoo Murat €€€
Stilvoller alter Adelspalast des 18. Jhs. mit schönem Hof. Okt.–April geschl.

- Via dei Mulini 23 | Positano
  Tel. 089 87 51 77 | www.palazzomurat.it

Savoia €€
Zentral mit Majolikaböden und Blick auf die Piazza dei Mulin. .

- Via C. Colombo 73 | Positano
  Tel. 089 87 50 03
  www.savoiapositano.it

RESTAURANTS

Il Capitano €€–€€€
Elegant und stilvoll essen auf einer Terrasse über dem Meer.

- Via Pasitea 119 | Positano
  Tel. 089 81 13 51
  www.hotelmontemare.it

Chez Black €€
Auf der Terrasse mit Meerblick werden u. a. vorzügliche Fischgerichte serviert.

- Via Brigantino 19 | Positano
  Tel. 0 89 87 50 36 | www.chezblack.it

AKTIVITÄTEN

Tauchen: Die Küste zwischen der Punta Campanella und Positano ist mit ihren vielen Grotten ein Dorado für Taucher. Infos bei der A. A. S. T. > **links.**

PRAIANO 9 E/F5

Auf einer kurvenreichen Straße erreicht man das am Hang liegende ehemalige Fischerdorf (2000 Einw.), das sich mittlerweile in einen netten

Ferienort verwandelt hat. Eine steile Rampe führt hinunter nach **Marina di Praia,** dem Fischerhafen. Er liegt am Ausgang einer Schlucht, wo sich der kleine Strand von Praiano befindet. Diverse Restaurants sorgen für das leibliche Wohl ihrer Gäste.

HOTELS

Tritone €€€
Großzügiges Haus auf einem Felsen über dem Meer, Privatstrand.
- Via Campo 5 | 84010 Praiano
  Tel. 089 87 43 33 | www.tritone.it

Pellegrino €€–€€€
Sympathisches Haus in toller Lage, Zimmer mit Meerblick, gute lokale Küche.
- Via G. Capriglione 190
  Praiano | Tel. 089 87 41 86
  www.hotelpellegrino.it

RESTAURANT

Onda Verde €€€
Kleines Hotel direkt über dem Meer mit einfacher, schmackhafter Küche. Wunderbarer Blick.
- Via Terramare 3 | Praiano
  Tel. 089 87 41 43 | www.ondaverde.it

VALONE DI FURORE 10 F5

Hinter Praiano öffnen sich tiefe Schluchten im Berghang; sie werden *valloni* genannt. Der imponierendste ist der Vallone di Furore. An die senkrecht aufsteigenden Wände der Schlucht krallen sich uralte kleine Fischerhäuser. Das Getöse der peitschenden Wellen hallt bei Unwetter von den Felsen wider, daher der Name: Schlucht des Zorns.

GROTTA DELLO SMERALDO 11 F5

Wenig später weitet sich die Straße zu einem Platz, von dem aus man über eine Treppe oder mit dem Aufzug zur Smaragdgrotte hinuntergelangen kann. Die Tropfsteinsäulen in der mit Meerwasser gefüllten Höhle erreichen eine Höhe von bis zu 10 m. Das hereindringende Licht verleiht der Grotte einen smaragdgrünen Schimmer, vor allem gegen Mittag (tgl. 9–16 Uhr, 5 €).

TOUREN AUF DER HALBINSEL

TOUR 8

DIE AMALFITANA

Vietri sul Mare › Capo d'Orso › Maiori › Minori › Ravello › Amalfi › Positano

Die Straße windet sich nun um den Capo di Conca herum, passiert den Ferienort **Conca dei Marini** 12, ein weiteres ehemaliges Fischernest. Es lohnt ein Stopp, um zur kleinen idyllischen Hafenbucht hinabzusteigen. Der nächste Ort an der Straße ist **Vettica** 13, wo sich ein Abstecher ins Hinterland anbietet.

AGEROLA 14 F5

Kurz hinter den letzten Häusern von Vettica steigt in engen Serpentinen eine Straße hinauf zur Streusiedlung Agerola, die für ihren Käse »Provolone del Monaco« bekannt ist. Auf der Hochebene führt eine Straßenschleife (ca. 4 km) zum Ortsteil **San Lazzaro** auf der sog. *Punta,* einer natürlichen Terrasse, die einen grandiosen Blick über die gesamte Amalfitanische Küste freigibt.

AMALFI 15 10 F5

Die berühmte kleine Stadt liegt an den Hängen eines zum Meer hin geöffneten Steiltals namens Valle dei

VON SORRENT UND AN DER AMALFIKÜSTE

TOUR 9

VON SORRENTO NACH CASTELLAMMARE DI STABIA

Sorrento > Massa Lubrense > Punta Campanella > Sant'Agata sui Due Golfi > Positano > Praiano > Castellammare di Stabia

Die Mosaikfassade des Doms von Amalfi stammt aus dem 19. Jh.

Mulini › S. 130. Der Überlieferung nach wurde Amalfi um 320 n. Chr. von schiffbrüchigen Römern gegründet, die sich gerade auf dem Weg nach Konstantinopel befanden: Denn zu dieser Zeit verlegte Kaiser Konstantin Sitz und Hauptstadt des Imperiums von Rom nach Byzanz. Amalfi befand sich eine Weile unter byzantinischer Herrschaft, konnte jedoch bald die Selbstständigkeit erringen. Im 10. und 11. Jh. war Amalfi eine mächtige Seerepublik mit einem Dogen an der Spitze, vergleichbar den Machtzentren Genua, Pisa und Venedig. Wie diese verdankte es seinen Reichtum ausgedehnten Handelsbeziehungen mit dem Orient.

Die Schifffahrtsgesetze der Republik Amalfi, die sog. *Tabulae Amalphitanae,* waren über Jahrhunderte hinweg maßgeblich für das gesamte Mittelmeer. Gleichwohl war Amalfi die kurzlebigste aller italienischen Seerepubliken. 1131 wurde es von den normannischen Truppen Rogers II. eingenommen und wenig später von den Pisanern geplündert. Danach vergaß man es, bis Engländer vor etwa 100 Jahren das malerische Fischerstädtchen entdeckten. Der heutige Ort besteht aus mehrstöckigen, über- und ineinander verschachtelten Häusern. Amalfi ist so eng und steil, dass es nur über Treppengässchen zu begehen ist. Die kleine Bucht ist Parkplatz, (Fischer-)Hafen und Strand. Im **Arsenale della Repubblica,** in das man von der Hafenstraße einen Blick werfen kann, wurden einst Galeeren gebaut.

DOM

Zu den Hauptattraktionen von Amalfi gehört der Dom in der Nähe des Hafens. Der Bau geht zurück auf das 10. Jh., wurde aber mehrmals umgestaltet. Aus dem 12./13. Jh. stammt der **Campanile.** Die bunte Fassade ist dagegen eine Imitation aus dem 19. Jh., während das bronzene Mittelportal im 11. Jh. in Konstantinopel gegossen wurde. Links vom Dom schließt sich der anmutige **Chiostro del Paradiso,** der Kreuzgang des 13. Jh., an. Spitzbogen über Doppelsäulen rahmen den stillen Garten (Juli–Sept. 9–19.45, März–Juni bis 18.45, sonst 9–13, 14.30–16.30 Uhr, 3 €).

INFO

A. A. S. T.

- Corso Delle Repubbliche Marinare 27 84011 Amalfi | Tel. 089 87 11 07 www.amalfitouristoffice.it

VERKEHR

- **Schiffsverbindungen:** Während der Saison Ausflugsboote nach Neapel, Capri, Positano.
- **Busverbindungen:** Entlang der Küste nach Salerno, Positano, Sorrent.

HOTELS

Luna Convento €€€

Zum Hotel umgebautes Kloster mit stimmungsvollem Kreuzgang und viel Flair.

- Via Pantaleone Comite 33 Amalfi | Tel. 089 87 10 02 www.lunahotel.it

Villa Annalara €€€

Die Zimmer in dem renovierten Palazzo (19. Jh.) tragen die Namen von Blumen. Sehr schöne Dachterrasse, Hanglage.

- Via delle Cartiere 1 | Amalfi Tel. 089 87 11 47 www.villaannalara.it

Antica Repubblica €€–€€€

Hübsches Stadthotel, wenige Schritte von der Piazza Duomo entfernt. Frühstück auf der Dachterrasse. Ganzjährig.

- Via dei Pastai 2 | Amalfi Tel. 08 98 73 63 10 www.anticarepubblica.it

Lidomare €

Kleines altes Stadthaus mit schöner Terrasse nahe dem Dom; sehr gepflegt.

- Largo Duchi Piccolomini 9 Amalfi | Tel. 089 87 13 32 www.lidomare.it

RESTAURANTS

Caravella €€€

Lokal mit Tradition, gutem Ruf und einem Michelin-Stern. In der Enoteca kann man die Weine von der Speisekarte auch erstehen. Di geschl.

- Via M. Camera 12 | Amalfi Tel. 089 87 10 29 www.ristorantelacaravella.it

Taverna degli Apostoli €€

Angenehmes Lokal hinter dem Dom mit herrlich bodenständiger Küche. Mi geschl.

- Largo Filippo Augustariccio 6 Amalfi | Tel. 089 87 29 91

SHOPPING

Entlang des Corso wird Limoncello (Zitronenlikör) in allen Qualitäten verkauft. > **mehr S. 18 Punkt 38** Kosten sollte man ihn in der **Pasticceria Pansa** (Piazza Duomo 40, www.pasticceriapansa.it).

Likör, Marmelade und Parfüm aus Zitronen und Orangen stellt die Fabrik **C. A. T. A.** (Via delle Cartiere 55/57, 84011, www.cata.amalfi.it) her.

AKTIVITÄTEN

Von Amalfi aus bieten sich einige anstrengende Wanderungen an, die mit herrlichen Ausblicken belohnt werden. Meist steile Treppenwege führen nach Ravello, Scala und Pogerola und weiter nach San Lazzaro und Agerola. Gute Wanderschuhe sind unerlässlich.

FESTE

- 27. Juni: **Festa di Sant'Andrea** mit feierlicher Prozession, bei der die Statue des Schutzpatrons zum Meer und – im Laufschritt – wieder zurück zum Dom getragen wird.

AUSFLUG INS VALLE DEI MULINI 16 F5

Ein Ausflug ins Mühlental ist eine lohnende Reise in die Vergangenheit. Der Name rührt daher, dass hier mehrere Papiermühlen angesiedelt waren, in denen besonderes handgeschöpftes Papier hergestellt wurde. Das liebevoll eingerichtete **Museo della Carta** dokumentiert die Geschichte des Papiers (Via Delle Cartiere 24, Juli/Aug. tgl. 10–19, März–Juni, Sept./Okt. bis 18 Uhr, www.museodallacarta.it).

Das Valle dei Mulini erlebt man am besten zu Fuß: Eine schöne Wanderung folgt von Amalfi aus (etwa 1 Std.) auf gut gesichertem Weg dem Flüsschen Grevone, mit ssen Wasser einst die Papiermühlen betrieben wurden.

ATRANI 17 F5

Einen Katzensprung von Amalfi entfernt liegt auf einer Felsenklippe über dem Meer Atrani. Der kleine Ort ist einer der bezauberndsten Winkel der Küste und von Amalfi auch zu Fuß erreichbar. In Amalfis Blütezeit wohnte hier der Adel. In der Dorfkirche wurden Amalfis Dogen gekrönt und begraben.

RAVELLO 18 F5

Das Städtchen (2500 Einw.) thront in fantastischer Lage auf einer Terrasse 300 m über dem Meer. Das aus seiner mittelalterlichen Glanzzeit maurisch geprägte Stadtbild hat Ravello bis heute weitgehend bewahrt. Hier verbinden sich Kunst und Natur u. a. in herrschaftlichen Gärten. Die Stadt ist autofrei!

WAGNER IN RAVELLO

Der 26. Mai des Jahres 1880 spielt in der Geschichte der Villa Rufolo eine wichtige Rolle: An jenem Tag kam der Komponist Richard Wagner mit seiner Frau Cosima nach Ravello. Das Ehepaar hatte im Hotel Cappuccini Convento in Amalfi übernachtet und war dann morgens auf Eseln nach Ravello hinaufgeritten. Wagner arbeitete gerade an seiner Oper »Parsifal«, aber er befand sich in einer Schaffenskrise, der zweite Akt wollte ihm nicht gelingen. Als er jedoch in die Villa Rufolo kam mit ihrem verwunschenen Gemäuer und ihren überwucherten Höfen, erkannte er in ihr das, was er suchte. »Klingsors Zaubergarten ist gefunden!«, schrieb der Meister ins Gästebuch des Hotels Palumbo. Seitdem fühlt sich Ravello als Wagnerstadt. Es gibt ein Hotel Parsifal, ein Hotel Graal, und alljährlich im Sommer kommt beim Ravello Festival (ehem. »Wagner-Festspiele«) im Park der Villa Rufolo und auch im Niemeyer-Auditorium Musik des Meisters und anderer Komponisten zur Aufführung. Über Termine und Tickets informieren die A. A. S. T. > **S. 132**, die Fondazione Ravello (Tel. 089 85 83 60, www.ravellofestival.com) sowie die Ravello Concert Society (Tel. 089 85 81 49, www.ravelloarts.org).

DOM

Über einer breiten Treppe auf der Piazza del Vescovado erhebt sich der Dom mit seiner schlichten Fassade. Er wurde zwar im Jahr 1086 gegründet, später jedoch barockisiert. Die Bronzetüren des Portals, ein Werk des Bildhauers Barisano da Trani (1179) aus Apulien, sind im Original erhalten. Szenen aus der Leidensgeschichte Christi sind auf den insgesamt 54 Feldern ebenso zu finden wie Darstellungen von Akrobaten, Sirenen und Gladiatoren. Der **Campanile** stammt aus dem 13. Jh. Von seinen barocken Zutaten befreit wurde der Innenraum der Kirche. Antike Säulen aus Paestum tragen die Gewölbe. Das wertvollste Stück ist die mosaikgeschmückte Kanzel, ein Werk des apulischen Meisters Niccolò da Foggia (1272); links davon ist ein Lesepult von 1130 zu erkennen.

VILLA RUFOLO

Nur wenige Schritte vom Dom entfernt befindet sich der Eingang zur Villa Rufolo, Hauptattraktion Ravellos. Die Villa setzt sich aus einem Komplex von Gebäuden im sizilianisch-arabischen Stil zusammen, die Ende des 13. Jhs. von der reichen Familie Rufolo errichtet wurden. Später wechselte die Villa mehrfach den Besitzer, bis sie 1851 der Schotte Francis N. Reid erwarb, der sie restaurieren ließ. Man betritt die Villa Rufolo durch das Portal eines gedrungenen Turms aus dem 14. Jh. Durch eine Allee geht es zum eigentlichen Palast, dessen Innenhof mit Kreuzgang ein Kleinod ist. Dahinter liegt der üppig wuchernde **Garten** mit herrlichem Blick auf Küste und Meer (www.villarufolo.it, tgl. 9–19 Uhr, 5 €).

VILLA CIMBRONE

Die Villa Cimbrone am westlichen Ende des Felsplateaus ist wegen ihres prächtigen **Parks** mit Aussichtsterrassen und exotischer Vegetation bei Spaziergängern beliebt. Absoluter Höhepunkt ist der Blick von der **Terrazza dell'Infinito** (Terrasse der Unendlichkeit), die sich zum äußersten Ende des Felssporns mit senkrechten Abstürzen vorwagt. Eine Reihe verwitterter Marmorbüsten krönt das Geländer. Von hier hat man den wohl schönsten Ausblick über die Steilküste und den Golf von Salerno. Der Palast dient als Luxushotel (www.hotelvillacimbrone.com/gardens tgl. 9 Uhr bis Sonnenuntergang, 7 €). › mehr S. 16 Punkt 26

SAN GIOVANNI DEL TORO

Am anderen Ende des Ortes erhebt sich die Kirche San Giovanni del Toro. Fassaden und Turm aus dem 12. Jh. sind im sizilianisch-arabischen Stil gehalten. Der Innenraum mit den drei hohen Kuppelapsiden birgt eine mosaik- und freskengeschmückte Kanzel aus dem 12. Jh.; die Krypta ist mit Fresken des 13. Jhs. im Stil Giottos ausgemalt (Via S. Giovanni del Toro 3).

An der nahen Via della Repubblica bildet das **Auditorium Oscar Niemeyer** (2010), das Konzerthaus des brasilianischen Stararchitekten, einen avantgardistischen Kontrast.

An der Costiera Amalfitana

INFO

A. A. S. T.

- Piazza Fontana Moresca 10
  84010 Ravello | Tel. 089 85 70 96
  www.ravellotime.it

HOTELS

Rufolo €€€

Komfortables Haus im alten Stadtkern, auf mehreren Terrassen. Ganzjährig.

- Via S. Francesco 1 | Ravello
  Tel. 089 85 71 33 | www.hotelrufolo.it

Toro €€

Sympathische Familienherberge im Zentrum, mit Garten. Dez.–Feb. geschl.

- Via Roma 16 | Ravello
  Tel. 089 85 72 11 | www.hoteltoro.it

Torre dello Ziro B & B €€

Historisches Haus mit charmanten Gästezimmern, Panoramaterrasse und Gemüsegärtchen. Mitte Okt.–März geschl.

- Via delle Cartiere 6 | Ravello
  Tel. 089 87 35 03
  www.torredelloziro.com

RESTAURANTS

Da Cumpa' Cosimo €€

Traditionelles Familienlokal (auch Pizza) im Zentrum, in dem schon Humphrey Bogart und Ingrid Bergman dinierten.

- Via Roma 44 | Ravello | Tel. 089 85 71 56

Locanda Moresca €€

Restaurant mit lokaler Küche – *Fettucini al limone!* –, geschützter Innenhof.

- Piazza Fontana Moresca 8 | Ravello
  Tel. 089 85 84 00

ÖSTLICHE AMALFITANA

Die Küstenstraße führt weiter nach **Maiori** 19 F5 (5600 Einw.). Der typische, terrassenförmig ansteigende Ort ist wegen des langen

Strandes, wie auch das im Westen anschließende kleinere **Minori**, ein beliebter Badeplatz und in der Saison entsprechend belebt. Hinter Maiori wird die Küste noch einmal steil und wild. Am **Capo d'Orso** 20 G5 lohnt sich ein Halt, um die grandiose Aussicht zu genießen.

RESTAURANT

Il Faro di Capo d'Orso €€€
Spitzenrestaurant mit Gourmetküche und einmaligem Ausblick. Di geschl.
- Strada Statale Amalfitana 44
  84010 Maiori | Tel. 089 87 70 22
  www.ilfarodicapodorso.it

VIETRI SUL MARE 21 G5

Bei Vietri sul Mare (7800 Einw.) erreicht man das Ende der Amalfitanischen Küste. Der Ort zeigt sich unter dem Einfluss des nahen Salerno vororthaft-städtisch. Er ist berühmt für seine Keramik. In der Hauptstraße verlocken viele Keramikgeschäfte zum Kauf der farbenprächtigen Vasen, Teller und Kacheln, die für die Region typisch sind und auch Badezimmer vieler Hotels zieren. > mehr S. 17 Punkt 34

Im hoch gelegenen Ortsteil Raito erhält man im **Keramikmuseum** (Di–So 9–15 Uhr) einen guten Überblick über das bis ins 17. Jh. zurückreichende Töpferhandwerk.

ABBAZIA DELLA TRINITÀ DI CAVA 22 G5

Etwas landeinwärts liegt, an den steilen Fels geklammert, die Abbazia della Trinità di Cava. Man erreicht die Abtei entweder über Cava de' Tirreni oder über eine Nebenstraße von Marina di Vietri aus. Wallfahrtskirche und Kloster wurden im 11. Jh. gegründet und später barockisiert. Es sind aber noch Teile aus der Gründungszeit erhalten, unter anderem eine Kanzel (13. Jh.), ein Marmorportal (15. Jh.) in der Kirche und ein romanischer Kreuzgang im Kloster (Führungen tgl. 8.30–12 Uhr, www.badiadicava.it).

INFO

A. A. S. T.
- Via della Repubblica 11
  84013 Cava de' Tirreni
  Tel. 089 34 16 05 | www.cavaturismo.it

FESTE

7. Juli: **Disfida de' Trombonieri.**
Sehenswertes Volksfest mit Umzügen und Wettkämpfen in Kostümen.

I DUE FRATELLI

Nach zwei Brüdern sind die Felsformationen im Meer vor Vietri sul Mare benannt, die – so die Legende – mit ihren Schafen an den Strand kamen und dort ein schlafendes Mädchen fanden. Als die Wogen ihren Körper ins windumtoste Meer rissen, stürzten sich die Brüder sofort in die Fluten, in denen sie aber samt ihrer Schafherde ertranken. Der Meereskönig Neptun, dessen unsterbliche Tochter sie unwissenderweise hatten retten wollen, war von ihrer Hilfsbereitschaft so gerührt, dass er ihre Körper in diese Klippen verwandelte.

BADEN, TAUCHEN UND WANDERN

Wanderer an der Amalfiküste genießen unterwegs immer den Blick aufs Meer

SONNIGE BUCHTEN AN DER AMALFIKÜSTE ENTDECKEN

Die meisten, die an die Amalfiküste kommen, sind fasziniert von den schroffen Bergen, die fast immer steil zur Küste abfallen. Nur einige Orte besitzen längere Sand- und Kiesstrände, die aber so gut wie immer mit kostenpflichtigen Sonnenschirmen und Liegen zugepflastert sind. Wer hin und wieder einen Blick von der kurvigen Amalfitana in Richtung Meer werfen kann, sieht immer wieder teils winzige Buchten, die zum Baden einladen. Rund 100 dieser kleinen Badeparadiese gibt es, doch sie sind nur selten über schmale, steile Fußpfade und oft nur vom Meer per Boot oder schwimmend von einem anderen Strand aus zu erreichen. Hier eine kleine Auswahl: Um zum Strand **La Schiarata 1** zu kommen, geht man in den kleinen Ort Marina di Albori südlich von Vietri sul Mare. Vom örtlichen Strand muss man rund 100 m schwimmen, bis man die kleine Felsenbucht erreicht. Wer noch ein paar Meter weiter durchs Wasser läuft, kommt zu **La Schiarata 2** und wird mit kristallklarem Wasser und Sonne von früh bis spät belohnt. Sicher kein Geheimtipp mehr, weil von oben einzusehen und recht gut zu erreichen, ist der **Fiordo di Furore.** Nachdem man das tief eingeschnittene, spektakuläre Tal und den Fjord von der Brücke beim Ort Furore gebührend bewundert hat, kann man über eine Treppe bis zum Wasser absteigen. Die Kiesbucht **La Praie** bei Praiano zählt zu den schönsten der gesamten Amalfiküste. Über das Hotel Tritone kann man den Strand zu Fuß erreichen, man kann aber auch vom rund 300 m entfernten Strand Gavitella schwimmen oder ganz bequem ein Boot von Marina Grande in Positano nehmen.

BUCH-TIPP:
In **Le 100 spiagge della Costiera Amalfitana** von Roberto Pelleccia (Cart&guide 2008), das auch auf Englisch – The 100 beaches of the Amalfi Coast – erhältlich ist, findet man noch mehr verborgene Strände an der Amalfiküste.

ABTAUCHEN IN NEPTUNS REICH

In einem der besten Tauchreviere Kampaniens mit spektakulärer Kalkfelsküste, einer noch intakten Meeresflora und -fauna und zahlreichen Grotten hat die professionelle Tauchbasis von Michele Mauro in der Marina del Cantone an der Südspitze der Halbinsel von Sorrent ihre Zelte bzw. Bungalows aufgeschlagen. Die komplette Ausrüstung kann gestellt werden, der Unterricht findet nach internationalen Richtlinien statt. Tauchtörns gibt es in der Riserva Marina an der Punta Campanella, auf den Galli-Inseln, an der Amalfiküste und auf der Insel Capri.

- **Villaggio Turistico »Nettuno« – Centro Sub** ▮ D6
  Via A. Vespucci 39
  Marina del Cantone
  80061 Massa Lubrense
  Tel. 08 18 08 10 51
  www.divingsorrento.com

WANDERN IM LAND DER SIRENEN

Ein dichtes Netz relativ gut markierter Wanderwege durchzieht die Sorrentinische Halbinsel. An Zitronenhainen und Bauerngärten vorbei, erreicht man zu Fuß kleine Weiler, einfache Trattorien und verschwiegene Buchten. Alles ist grün und duftet, die Berge sind erstaunlich wild und menschenleer, man ist weit weg vom Trubel der Amalfitana und genießt trotzdem immer wieder einen schönen Blick aufs Meer, das sich in weiter Ferne kräuselt. Man kann tagelang wandern oder aber auch nur ein Stündchen von einem Ort zum anderen laufen – für jeden ist etwas dabei.

Wer nicht alleine aufbrechen möchte, kann sich Wanderführer **Giovanni Visetti** anvertrauen. Er leitet Exkursionen und Tagesausflüge auf der Sorrentinischen Halbinsel und an der Amalfiküste (Via 4 Novembre 28, 80061 Massa Lubrense, Mobil-Tel. 33 96 94 29 11, www.giovis.com). Wer Wanderungen lieber auf eigene Faust unternehmen will, erhält eine exzellente **Wanderkarte** – auch auf Deutsch – gratis bei Pro Loco, Viale Filangieri 11, 80061 Massa Lubrense, Tel. 08 15 33 90 21, www.massalubrenseturismo.it.

DER CILENTO

Die Wasserbüffelfarm Tenuta Vannulo
produziert feinsten Biomozzarella

Der Reiz der Cilentoküste liegt in dem Wechsel zwischen schönen Sandstränden und felsigen Abschnitten. Nur einige wenige Kilometer im Landesinneren verstecken sich uralte Dörfer mit verwinkelten Gassen.

Die Ruinen von Paestum bilden den Auftakt des Ausflugs in den Cilento. Drei hervorragend erhaltene griechische Tempel sind der Höhepunkt des weitläufigen Grabungsgeländes. Einige Kilometer weiter südlich verlässt man die Sele-Ebene, die für ihren guten Büffelmozzarella berühmt ist, und nähert sich dem Cilento. Entalng der Küste reihen sich beliebte Badeorte aneinander, die im Sommer vor allem italienische Touristen anziehen. Außerhalb der kurzen Sommersaison ist es hier jedoch still und beschaulich. Es gibt bis heute keine Bettenburgen und Hochhäuser, alles wirkt familiär. Schon bald ist man mittendrin im **»Parco Nazionale del Cilento e Vallo di Diano«**, dem zweitgrößten Nationalpark Italiens. Bewaldete, terrassierte Hügel, soweit das Auge reicht, ein Paradies für Naturliebhaber, die in aller Ruhe die Schönheiten dieser einmaligen Landschaft auf eigene Faust entdecken wollen.

TOUREN IN DER REGION

TOUR 10

DIE NÖRDLICHE CILENTOKÜSTE

ROUTE: Paestum > Agrópoli > Casa Velino > Santa Maria di Castellabate > Agrópoli > Paestum

KARTE: Seite 139
DAUER: 2 Tage
PRAKTISCHER HINWEIS:

- Mit öffentlichen Verkehrsmitteln muss man mehr Zeit einplanen als mit einem Mietwagen.

TOUR-START:

Nach einer ausgiebigen Besichtigung des archäologischen Tempelgeländes von **Paestum** 1 > S. 140 einschließlich des Museo Archeologico geht es zur **Tenuta Vannulo** > S. 143, die für ihren Mozzarella bekannt ist. Die Straße führt nun noch einige Kilometer durch die Seleebene, bevor **Agrópoli** 2 > S. 143 auftaucht. Durch die Gassen steigt man zum Kastell hinauf, von dem sich ein wunderbarer Rundumblick bietet. Von Agrópoli folgt man nun der Schnellstraße durch das Landesinnere nach **Casal Velino** 4 > S. 143. Der alte Ortsteil Casal Velino, aber auch der moderne Küstenort **Marina di Casal Velino** eignen sich her-

Karte S. 139

vorragend für einen längeren Aufenthalt. Der lange Sandstrand und die vielfältigen Ausflugsmöglichkeiten sind hier echte Pluspunkte.

Am nächsten Tag lohnen auf der Rückfahrt nach Paestum kleine Orte wie Pioppi, Acciaroli, Agnone oder Ogliastro Marina immer wieder Unterbrechungen, für einen Kaffee am Hafen oder einen kurzen Strandausflug. Ein wenig mehr Aufmerksamkeit hat **Santa Maria di Castellabate** 3 › S. 143 wegen seiner Altstadt, des Hafens und der schönen Stränden verdient.

TOUR 11

DIE SÜDLICHE CILENTOKÜSTE

ROUTE: Casal Velino › Velia › Monte Gelbison › Pisciotta › Palinuro

KARTE: Seite 139
DAUER: 2 Tage
PRAKTISCHER HINWEIS:

- Für diese Tour ist ein eigener bzw. Mietwagen von Vorteil, da die öffentlichen Verkehrsmittel selten verkehren.

TOUR-START:

Von **Casal Velino** 4 › S. 143 sind es nur wenige Kilometer bis zu den Ausgrabungen in **Velia** 5 › S. 144 aus griechisch-römischer Zeit. Eine winzige Straße zweigt ins Landesinnere ab. Sie führt in unzähligen Kurven durch die fast menschenleere Bergwelt des Cilento nach Ceraso und weiter nach Novi Velia. Hier beginnt die Auffahrt zum Gipfel des **Monte Gelbison** › S. 147, auch Monte Sacro genannt, und zum **Santuario della Madonna di Novi Velia,** einer der wichtigsten Pilgerstätten Kampaniens. Wer Lust auf eine rund fünfstündige, anstrengende Wanderung hat, kann von Novi Velia den Gipfel auch zu Fuß erklimmen. Oben wird man mit einem fantastischen 360-Grad-Panorama über den Vesuv und die Amalfiküsten belohnt, bei optimalen Bedingungen reicht die Sicht bis zur Vulkaninsel Stromboli. Auf kleinen, kurvigen Straßen fährt man wieder zurück zur Küste nach **Pisciotta,** das sich für die Übernachtung anbietet › S. 145.

Am nächsten Tag geht es auf der Küstenstraße weiter in Richtung Süden nach **Palinuro** 6 › S. 145 und zum Capo Palinuro. Von Palinuro zum Kap führt auch der ausgeschilderte Küstenwanderweg »Fortini e Torri« (Festungen und Türme, ca. 2 Std.). In der Umgebung des Felsenkaps kann man problemlos den ganzen Tag mit einer Bootstour, einem Tauchausflug oder einem Aufenthalt am Strand verbringen. Besonders malerisch ist die Spiaggia dell' Arco Naturale, die schon des Öfteren als Filmkulisse diente. Mit feinem Sand und kristallklarem Wasser empfiehlt sich auch die Spiaggia del Porto. Von beiden Stränden starten Bootsausflüge zu den Grotten, etwa zur spektakulären Grotta Azzura.

TOUREN AN DER CILENTOKÜSTE

TOUR 10

DIE NÖRDLICHE CILENTOKÜSTE

Paestum > Agrópoli > Casal Velino > Pioppi > Acciaroli > Agnone > Ogliastro Marina > Santa Maria di Castellabate

TOUR 11

DIE SÜDLICHE CILENTOKÜSTE

Casal Velino > Velia > Monte Gelbison > Pisciotta > Palinuro

Karte S. 141

UNTERWEGS IM CILENTO

PAESTUM 1 11

Aus Sybaris in Kalabrien kommende griechische Kolonisten errichteten auf dem Areal im 7. Jh. v. Chr. die Stadt Poseidonia. Nach zwei Jahrhunderten Blütezeit – zu dieser Zeit entstanden auch die Tempel – wurde der Ort vom kalabresischen Bergvolk der Lukanier eingenommen und hieß von da an Paistom. Schnell übernahmen sie die griechische Kultur. 273 v. Chr. eroberten die Römer die Stadt. Die Leute aus Paestum gehörten zu den treuesten Anhängern Roms und stellten Soldaten etwa in den Kriegen gegen Hannibal. Im Gegenzug wurden ihnen Privilegien eingeräumt. So erhielten sie das Recht, eigene Münzen zu prägen.

Der Untergang Paestums ist den Naturgewalten zuzuschreiben. Das flache Gebiet versandete und versumpfte und wurde zu einer Brutstätte der Malaria. Wegen der Sumpffliege wurde Paestum nicht wie andere antike Stätten als Steinbruch ausgeschlachtet. Als man im 18. Jh. die Mündungsebene des Sele trockenlegte, fand man zwischen hohem Schilf die drei Tempel, die neben dem Athener Parthenon als die schönsten und bedeutendsten griechischen Tempelruinen gelten.

DAS SÜDLICHE AREAL

Das Tempelgelände wird noch heute von der **Stadtmauer** umschlossen. Sie stammt teils aus griechischer, teils aus lukanischer Zeit, hat einen Umfang von 4750 m und ist 5 m–7 m dick (Rundgang ca. 2 Std.). Durch die Porta di Giustizia erreicht man die Via Sacra mit den Tempeln am schnellsten (Via Magna Grecia 919, www.museopaestum.beniculturali.it, tgl. 8.30–19.30, Mitte Juni–Aug. Do/Fr bis 22.30, Museum 1. und 3. Mo im Monat nur bis 13 Uhr, 9,50 €, erm. 4,75 €).

BASILIKA

Die 54 × 25 m große Basilika ist der älteste Tempel in Paestum (550 v. Chr.). Da der Giebel eingestürzt war, hielten die Archäologen des 18. Jhs. das Bauwerk für eine Markthalle, eine sog. Basilika. Die Säulen sind bauchig, die Querbalken ruhen auf archaischen Kissenkapitellen. Man vermutet, dass der Tempel Hera, der Gemahlin des Zeus, gewidmet war.

POSEIDONTEMPEL

Der Poseidontempel (60 × 24 m) ist der imposanteste und einer der am besten erhaltenen griechischen Tempel überhaupt. Früher glaubte man, er sei Poseidon, dem Gott des Meeres, geweiht. Neuere Forschungen ergaben, dass es sich wie bei der Basilika um ein Heiligtum der Hera handelt. Der 450 v. Chr. entstandene Tempel wird Iktinos von Milet zugeschrieben, dem Architekten des Parthenon. Die Säulenkapitelle sind dorisch, Giebel und Architrav sind fast vollständig erhalten.

RÖMISCHES FORUM

Nördlich des Poseidontempels beginnt der römische Teil der Via Sacra. Hier liegt das Forum, das in römischer Zeit an der Stelle der Agora (griechischer Marktplatz) angelegt wurde. Es weist die typischen (verfallenen) Gebäude des römischen Forums auf: eine Curia (Rathaus), Thermen und ein Kapitol. Dem Forum gegenüber liegt ein kleines **Amphitheater**, durch das die alte Staatsstraße verläuft.

DAS NÖRDLICHE AREAL

SACELLO SOTTERRANEO

An der Via Sacra kommt man zum Sacello Sotterraneo, einem unterirdischen Heiligtum, das in der 2. Hälfte des 6. Jhs. v. Chr. entstanden sein dürfte. In seiner Mitte befindet sich ein kleines rechteckiges Gebäude mit flachem Giebeldach, komplett erhalten, da es unter der Erde lag: Nachdem die Weihegaben im Inneren abgelegt worden waren, schüttete man es offenbar wieder zu; einen Zugang gab es nicht.

CERESTEMPEL

Der kleinste Tempel mit je sechs Säulen an den Schmalseiten und 13 Säulen an den Längsseiten ist der Cerestempel (33 × 15 m) am nördlichen Ende der Via Sacra. Er stammt aus dem 6. Jh. v. Chr. und wurde, da man einige Statuetten der Fruchtbarkeitsgöttin Ceres gefunden hatte, als ein ihr geweihter Tempel angesehen. Heute ordnet man ihn der Göttin Athene zu. Der hohe Giebel besaß ein reliefgeschmücktes Traufgesims, das sich allerdings im Museum befindet. Über dem quadratischen Sockel im Inneren stand die Cella (Raum für das Kultbild). An ihrer Südseite sind drei Gräber aus frühchristlicher Zeit, als der Tempel in eine Kirche umgewandelt wurde, zu sehen.

Karte S. 141

Das Tempelgelände und die Landschaft von Paestum bilden eine harmonische Einheit

MUSEO ARCHEOLOGICO

Das Museo Archeologico enthält u. a. die einzigen erhaltenen Wandmalereien der griechischen Klassik. Man entdeckte sie ursprünglich in der Nekropole von Paestum. Am bekanntesten ist die Darstellung eines *Tuffatore*, eines Tauchers beim Kopfsprung (5. Jh. v. Chr.), das Werk eines in Paestum geborenen griechischen Malers. Außerdem zählen Vasen, Statuen, Münzen sowie kostbare Schmuckplatten aus den Tempelgiebeln, sog. Metopen, zu den Beständen der Sammlung.

INFO

A. A. S. T.

- Via Magna Graecia 887 | 84047 Paestum
  Tel. 08 28 81 10 16 | www.infopaestum.it

VERKEHR

- **Bahnverbindungen:** Strecke zwischen Neapel und Reggio Calabria *(treno locale)*.
- **Busverbindungen:** nach Salerno.

HOTEL

Calypso €–€€

Familiär, im Grünen gelegen, mit gutem Restaurant. Halbpension.

- Via Mantegna 63 | Paestum-Licinella
  Tel. 08 28 81 10 31
  www.calypsohotel.com

RESTAURANTS

Nonna Sceppa €€

Der Küchenchef verwöhnt seine Gäste zwischen Archäologischem Park und Sandstrand mit frischen Fischspezialitäten und traditioneller cilentanischer Küche.

- Via Laura 45 | Paestum-Capaccio
  Tel. 08 28 85 10 64
  www.nonnasceppa.com

Ristorante Nettuno €€

Traditionsreiches Lokal in der archäologischen Zone. Probieren Sie *Crespelle!*
Mo und Nov.–Feb. geschl.

- Via Nettuno 2 | Licinella-Torre di Paestum
  Tel. 08 28 81 10 28
  www.ristorantenettuno.com

SHOPPING

Tenuta Vannulo: Azienda Agricola Biologica Antonio Palmieri

Hier gibt es den unvergleichlich köstlichen Mozzarella, das weiße Gold des Cilento, handgerupft und aus echter Büffelmilch. Auf dem Landgut Vannulo man den Käsemeistern bei der Produktion zuschauen.

- Via G. Galilei 101 | Paestum-Capaccio
  Tel. 08 28 72 47 65 | www.vannulo.it

AGRÓPOLI 2

Südlich von Paestum liegt auf einem Höhenzug am Südende des Golfs von Salerno der Ort Agrópoli. Reste der alten Stadtmauer, das Stadttor und das an höchster Stelle thronende **Kastell** stammen noch aus der Frühzeit der Stadt, die sich erst im 19. Jh. über die Grenzen der Stadtmauer ausdehnte. Heute ist die Umgebung von Agrópoli wegen der Strände zu beiden Seiten des Hügels ein besonders bei italienischen Familien beliebter Urlaubsort.

CASTELLABATE 3

Der Badeort **Santa Maria di Castellabate** liegt an einem langen Sandstrand und hat sich in den letzten Jahren zu einem viel frequentierten Ferienort des Cilento entwickelt. Sehenswert sind vor allem die Altstadt und der Fischerhafen mit den Kirchen Santa Maria Assunta und Santa Maria a Mare. Große Teile der Altstadt sind autofrei und laden zum Bummeln ein.

Vom Küstenort führt eine Serpentinenstraße rund 300 m hinauf zum eigentlichen **Castellabate,** einem mittelalterlichen Kleinod, das die Jahrhunderte fast unbeschadet überstanden hat. Mitten im Gassengewirr liegt die Basilika Santa Maria de Gulia aus dem 12. Jh. und nur wenige Schritte entfernt das Museo d'Arte Sacra.

HOTELS

Villa Sirio €€–€€€

Elegantes kleines Hotel in einer Patriziervilla von 1904. Mitten im historischen Ortskern und doch direkt am Meer. Restaurant mit Meerblick.

- Via Lungomare de Simone 15
  84048 Castellabate
  Tel. 09 74 96 10 99 | www.villasirio.it

Hotel Sonia €€

37 Zimmer, großteils mit Balkon. Eigener Strand, das Restaurant serviert mediterrane Küche und Cilento-Spezialitäten. Okt. bis März geschl.

- Santa Maria di Castellabate
  Castellabate | Tel. 09 74 96 11 72
  www.hotelsonia.it

Hotel Il Cefalo €–€€

Ogliastro Marina liegt südlich von Castellabate und der Punta Licosa. Familiär geführtes Hotel mit neun Zimmern am Sandstrand. Hauseigenes Restaurant mit hervorragender Küche. Mountainbike-, Reit- und Bootsausflügen.

- Via M. Passaro | Ogliastro Marina
  Tel. 09 74 96 30 19 | www.ilcefalo.it

CASAL VELINO 4

Der Ort gliedert sich in das malerische **Casal Velino Paese** hoch über dem Tal und den Badeort **Marina di Casal Velino** am 7 km langen Sandstrand. Hier gibt es rund um die zentrale Piazza zahlreiche Restaurants, Bars und Cafés, freitags ist Markttag. Hoch über dem Ort thront der aus dem 12. Jh. stammende Sarazenenturm.

HOTELS

Rustico Tanzola €€

Natursteinbau mit Traumblick (bis 4 Pers.). Restaurant im Landgut Zio Cristofero.

- Casal Velino
  Buchung über www.italimar.com

Canale 1861 €€

Natursteinhaus (bis 5 Pers.) mit Panoramablick. Strand von Acciaroli 10 Automin.

- San Mauro Cilento
  Buchung über www.italimar.com

Domus Olearia €–€€

Zehn moderne Ferienwohnungen für 5–10 Pers. mit Terrasse/Balkon, umgeben von Olivenbäumen, in Strandnähe

- Via Trebozio 1
  Marina di Casal Velino
  Tel. 09 74 90 73 49
  Buchung über www.italimar.com

DIE SCHÖNSTEN MÄRKTE

- Ein Fischmarkt mit viel Atmosphäre findet Mo–Sa in **Pozzuoli** > S. 68 statt (Via Nicola Fasano, 9–19 Uhr).
- In **Ercolano** > S. 80 kann man jeden Tag auf dem weitläufigen Secondhandmarkt nach passender Kleidung stöbern (Via Pugliano/ Corso Resina 8–13.30 Uhr).
- Immer freitags (6–13 Uhr) findet in **Marina di Casal Velino** > S. 143 der Wochenmarkt statt. Viele landwirtschaftliche Betriebe bieten ihre Produkte an.
- Vor allem der **Cilento** ist für seine Wochenmärkte bekannt. Das Angebot ist bunt gemischt. Markttage sind: Castel San Lorenzo Mi, Agrópoli Do, Castellabate und Ogliastro Cil. Sa, Vallo della Lucania So.

RESTAURANTS

Agriturismo Moresani €–€€

Im Schatten von Olivenbäumen serviert der Landgasthof regionale Slow-Food-Küche schmecken lassen. Auch schön, um Urlaub zu machen. Nov.–Feb. geschl.

- Località Moresani | Casal Velino
  Tel. 09 74 90 20 86
  www.agriturismoimoresani.com

Osteria La Cambusa €–€€

Schlichtes Ambiente, hervorragende Fischgerichte und hausgemachte Pasta.

- Via Canale Tufolo 2 | Casal Velino
  Tel. 09 74 90 78 90

VELIA 5

Südlich von Casal Velino liegt Velia, das auf die griechische Siedlung Elea zurückgeht. Noch vor Sokrates gab es hier eine bekannte philosophische Schule. Bis heute ist nur ein Bruchteil der antiken Siedlung ausgegraben, auf dem weitläufigen Gelände gibt es die Ruinen eines Theaters, eines ionischen Tempels sowie die sehenswerte Porta Rossa. Die Ruine auf dem nahen Hügel ist eine angiovinische Burg aus dem 16. Jh. (tgl. 9 Uhr bis Sonnenuntergang).

PALINURO 6

Die Steilküste am **Capo Palinuro** ist von Wind und Wellen zerfressen, in den Felsen verstecken sich mehr als 30 teils spektakuläre Höhlen. Die bekannteste ist die **Blaue Grotte,** die es durchaus mit ihrer berühmteren Schwester auf Capri aufnehmen kann. Besichtigungstouren per Boot zur Blauen Grotte und anderen Höhlen starten im Hafen.

Das felsige Kap von Palinuro fällt zwar steil ins Meer ab und bietet daher nur wenige Bademöglichkeiten, doch wer sich abkühlen möchte, muss nicht lange suchen, denn entlang der gesamten Küste gibt es zahlreiche wunderschöne Sandstrände. Auch um den **Porto Turistico** von Palinuro gibt es einen Sandstrand. Nur mit dem Boot ist der Traumstrand **Spiaggia del Buondormire,** der Strand zum guten Schlaf, zu erreichen.

Folgt man der kurvigen Küstenstraße einige Kilometer nach Süden, kommt man zum **Arco Naturale,** einem von den Wellen ausgehöhlten Natursteinbogen.

HOTEL

Hotel Marulivo €€

Mitten in der Altstadt von Pisciotta in einem alten Kloster. Elf Zimmer um einen Innenhof. Dachterrasse mit Blick auf Meer und Altstadtgassen. Kein Zimmer gleicht dem anderen, mediterrane Möbel und einzigartiges Flair.

- Via Castello | 84066 Pisciotta
  Tel. 09 74 97 37 92
  www.marulivohotel.it

AKTIVITÄTEN

Das Felskap von Palinuro ist wegen der zahlreichen Höhlen ein perfektes Tauchrevier. Das **Palinuro Sub Diving Centre** (Tel. 09 74 93 85 09, www.palinurosub.it) bietet sowohl Tauchkursewie auch geführte Tauchgänge an.

Höhle am Kap von Palinuro

NATIONALPARK CILENTO 12

Nur vereinzelt finden sich Bergdörfer im weitgehend einsamen Cilento

DAS PARADIES JENSEITS VON PAESTUM

Immer noch enden viele Kampanienreisen bei Paestum. Zu Unrecht, denn der Cilento erwacht jenseits davon allmählich aus seinem Dornröschenschlaf. Die große Halbinsel im Süden der Provinz Salerno muss landschaftliche Vergleiche mit den spektakulären Küsten von Capri oder der Amalfitana nicht scheuen. Den grünen Kontrast zum türkisblauen Meer bilden ausgedehnte Olivenhaine auf terrassierten Hügeln. Tiefe Talschluchten mit kristallklaren Flüssen durchziehen bewaldete Berghöhen. Fischotter und Wolf haben sich in diesem Wanderparadies noch ein Refugium bewahrt. In den Bergdörfern und auch in einigen Hafenstädtchen sind die Uhren zwar nicht stehen geblieben, doch ticken sie hier viel langsamer als anderswo.

Rund 1810 km² stehen seit 1991 als »Parco Nazionale del Cilento e Vallo di Diano« unter Schutz, damit ist es der zweitgrößte Nationalpark Italiens. Die UNESCO hat den Cilento 1998 in die Listen der Biosphärenreservate und des Weltkulturerbes aufgenommen. Die Weichen sind auf »sanften Tourismus« gestellt. Wer Ruhe, intakte Natur und noch unverfälschte Gastfreundschaft sucht, findet sie hier.

- **Parco Nazionale del Cilento e Vallo di Diano**
  Via Montesani
  84078 Vallo della Lucania
  Tel. 097 47 19 92 00
  www.cilentoediano.it

CUCINA DI TERRA, CUCINA DI MARE

Die geografische Lage des Cilento – eine Halbinsel zwischen Land und Meer – spiegelt sich auch in seiner

Küche wider. Ausgezeichnete Produkte, wie *Olio Extra Vergine* aus Pisciotta-Oliven, würzige Käsesorten, sonnengereiftes Gemüse, frischer Fisch und Meeresfrüchte, bilden die Basis gesunder und bodenständig gebliebener Gerichte. Dabei spielen die Agriturismo-Betriebe eine wichtige Rolle, denn sie produzieren Olivenöl sowie Wein, Käse, Salami, Brot und Honig in hervorragender Qualität und bereiten daraus für die Gäste typisch cilentanische Gerichte.

ÜBERNACHTEN VON FÜRSTLICH BIS LÄNDLICH

Das breite Angebot der Unterkünfte im Cilento spannt sich vom Strandhotel über den rustikalen Agriturismo bis hin zum Adelspalazzo.

- **Palazzo Belmonte** €€€
  In den Monaten Mai bis Oktober öffnet der Prinz von Belmonte seinen Palazzo aus dem 17. Jh. zahlenden Gästen. Ein idealer Ort zum Entspannen! Das Haus liegt von einem großen Park umgeben mitten im hübschen Küstenort Santa Maria di Castellabate.
  Via Flavio Gioia 25
  84072 Santa Maria di Castellabate
  Tel. 09 74 96 02 11
  www.palazzobelmonte.com
- **Il Mulino** €–€€
  > **mehr S. 17 Punkt 35** Auf diesem Agriturismo oberhalb von Acciaroli (3,5 km) verwöhnt Luisa die Gäste ! mit ihren Kochkünsten, fast alle Zutaten stammen aus eigenem Anbau, ihr Mann Giuseppe steuert den frisch gefangenen Fisch bei. Ob Antipasti oder Ravioli und Fusilli, Luisa bereitet ihre Cilento-Spezialitäten nach alten Familienrezepten zu. Außer im Juli und August findet jeweils mittwochs ein Kochkurs statt. Wer Lust auf einen längeren Aufenthalt hat, kann sich in einem der Zimmer einquartieren.
  Via Monaco | Cannicchio di Pollica
  Mobil-Tel. 33 92 67 58 72
  Buchung über www.italimar.com
- **Italimar**
  Deutsch-italienische Agentur, die eine Vielzahl von Ferienwohnungen und Agriturismo-Unterkünfte im Cilento anbietet, Aktivurlaube und Ausflüge zu Wasser und zu Land organisiert.
  Hermeskeiler Str. 3 | 50935 Köln
  Mobil-Tel. 01 57 55 23 03 11
  www.italimar.com

ZUM GIPFEL DES MONTE GELBISON

Der Monte Gelbison, auch Monte Sacro genannt, überragt mit 1705 m die Küste des Cilento-Natioalparks. Auf seinem Gipfel steht ein beleuchtetes, weithin sichtbares Kreuz, das den Weg zum Kloster weist. Jedes Jahr pilgern Tausende Gläubige auf den Gipfel zur Madonna von Velia und genießen den traumhaften Ausblick. Das Santuario öffnet am ersten Sonntag im Mai und schließt Ende Oktober. Mit dem Auto gelangt man über eine Gebirgsstraße bis fast zum Gipfel.

Für das leibliche Wohl sorgen das **Ristorante Zì Michele** sowie das **Ristorante San Giuseppe.** Auf rund 1000 m kommt man an der 100-jährigen bewirtschafteten Holzhütte **La Baita** vorbei, die Gäste mit einfachen und günstigen Gerichten verwöhnt. Vor allem die Einheimischen legen auf ihrem Weg zum Gipfel hier gern einen Stopp ein.

EXTRA-TOUREN

Die Villa Rufolo ist der Schauplatz des klassischen Ravello Festivals

TOUR 12

RUND UM NEAPEL (6 TAGE)

ROUTE: Neapel > Pozzuoli > Procida > Caserta > Pompeji > Herculaneum > Vesuv > Neapel

KARTE: Klappe hinten
DISTANZEN: **Neapel** > **Pozzuoli** 18 km; **Pozzuoli** > **Procida** mit dem Schiff; **Procida** > **Pozzuoli** mit dem Schiff; **Pozzuoli** > **Caserta** 50 km; **Caserta** > **Pompeji** 55 km; **Pompeji** > **Herculaneum** 20 km; **Herculaneum** > **Vesuv** 15 km; **Vesuv** > **Neapel** 20 km; Gesamtstrecke ca. 180 km
VERKEHRSMITTEL:
Diese Rundtour ist sowohl mit dem eigenen Auto als auch mit öffentlichen Verkehrsmitteln machbar. Im ersten Teil ist der Wagen allerdings eher hinderlich, denn nach Pozzuoli kommt man schnell und bequem mit den Öffentlichen und eine Mitnahme des Autos nach Procida lohnt sich nicht. Diejenigen, die ohne eigenen Wagen unterwegs sind, können sich unter Umständen für den Rest der Tour einen Mietwagen nehmen.

Durch Neapels Vorstädte geht es am ersten Tag nach **Pozzuoli** > S. 68 und zu den **Campi Flegrei** > S. 67. Die »Brennenden Felder«, eine Kraterlandschaft mit vulkanischer Aktivität, stecken voller interessanter Überraschungen. Versäumen Sie es nicht, in den **Solfatara-Krater** mit seinen brodelnden und zischenden Fumarolen und Schlammtöpfen zu gehen und sich die Altstadt Pozzuolis, **Rione Terra,** auf dem ehemaligen Akropolishügel anzuschauen.

Anschließend setzen Sie mit der Fähre nach **Procida** > S. 115 über und suchen sich am besten gleich ein Quartier für zwei Nächte auf der Insel. Procida ist zwar die kleinste der Golfinseln, doch man sollte sich für dieses ruhige Kleinod den ganzen nächsten Tag Zeit nehmen, um durch den malerischen Hauptort zu spazieren, einen Kaffee im Fischerhafen zu trinken und zum Kastell hinaufzusteigen.

Wenn man von Procida auf das Festland zurückgekehrt ist, geht es nach **Caserta** > S. 63, einer modernen, nicht unbedingt schönen Stadt 35 km nördlich von Neapel, die aber mit einer besonderen Sehenswürdigkeit punkten kann: dem monumentalen **Palazzo Reale** mit seinem weitläufigen **Schlosspark.** Der bourbonische Königspalast wurde nach dem Vorbild von Versailles erbaut.

Am vierten Tag steht die Besichtigung der Ausgrabungen von **Pompeji** › S. 84 und am darauffolgenden Tag der Ruinenstadt **Herculaneum** › S. 81 auf dem Programm. Nach den versunkenen Städten am **Vesuv** › S. 78, den größten Sehenswürdigkeiten Italiens, folgt am letzten Tag ein Blick in den Krater des schlafenden Vulkans. Für den Ausflug zum Gipfel sollte man sich den ganzen Tag Zeit lassen, denn im Parco Nazionale del Vesuvio gibt es neben der Gipfeltour noch viele schöne weitere Wanderwege.

TOUR 13

VON NEAPEL IN DEN CILENTO (8 TAGE)

ROUTE: Neapel › Sorrento › Positano › Amalfi › Paestum › Vietri sul Mare › Agrópoli › Marina di Casal Velino

KARTE: Klappe hinten

DISTANZEN: **Neapel** › **Sorrento** 50 km; **Sorrento** › **Positano** 15 km; **Positano** › **Amalfi** 15 km; **Amalfi** › **Paestum** 75 km; **Paestum** › **Marina di Casal Velino** 45 km; Gesamtstrecke ca. 200 km

VERKEHRSMITTEL:

Wer mit dem Auto unterwegs ist, kann problemlos Umwege und Abstecher einstreuen. Schwierig und recht teuer ist es jedoch, speziell in Amalfi und Positano, den Wagen zu parken. In der Hauptsaison geht es auf der Amalfitana an Wochenenden oft nur im Schritttempo vorwärts. Mit öffentlichen Verkehrsmitteln sollte man für die Tour ein oder zwei Tage länger einplanen, da man recht häufig umsteigen muss. Eine Alternative bildet die Metrò del Mare (www.metrodelmare.it), mit der alle Orte dieser Tour erreichbar sind. Allerdings ist eine gute Planung unerlässlich, denn einige Orte werden von den Schiffen nur ein- bis zweimal täglich angelaufen.

Mit dem Wagen verlässt man Neapel am besten auf der Autobahn in östlicher Richtung und fährt, den Vesuv im Blick, über **Herculaneum** › S. 81, **Pompeji** › S. 84 und Castellammare di Stabia nach **Sorrento** › S. 121. Ein nicht ganz billiges, aber lohnendes Vergnügen ist eine Übernachtung in einem der alten Grandhotels, die oft direkt am Meer liegen. Am nächsten Tag sollte man in Ruhe durch die Altstadt von Sorrento schlendern, die **Sedile Dominova** und das **Museo Correale di Terranova** besuchen und immer wieder einen Blick auf das Meer und die Steilküste werfen.

Am dritten Tag geht es auf der berühmten **Amalfitana** in die nicht minder berühmten Orte **Positano** › S. 124 mit malerischer Küstenarchitektur und ins hübsche **Amalfi** > S. 127, wo man sich für mindestens zwei Tage ein Quartier suchen sollte. Denn nur so bleibt genügend Muße, sich die wunderschönen Städtchen anzuschauen, die sich die steilen Berghänge hinaufziehen, oder die eine oder andere Wanderung zu unternehmen. Danach geht es weiter auf der Amalfitana bis nach **Vietri sul Mare** > S. 133, das in erster Linie von der Herstellung bunter Keramikprodukte lebt. Über Salerno und die Seleebene gelangt man nach **Paestum** > S. 140. Die Ruinen der Tempelstadt, die sich harmonisch in die Landschaft einfügen, verdienen einige Stunden Aufenthalt. Am letzten Tag führt die Fahrt schließlich von Paestum in den ersten Cilento-Ort **Agrópoli** > S. 143, der von schönen Stränden umgeben ist. Weiter geht es auf der kurvenreichen Küstenstraße über Santa Maria di Castellabate und Acciaroli nach **Marina di Casal Velino** > S. 143, einen ruhigen Badeort mit langem Sandstrand.

Als Ort der Ruhe erweist sich Atrani an der Amalfiküste nur in der Nebensaison

INFOS VON A–Z

ÄRZTLICHE VERSORGUNG

DIe Europäische Krankenversicherungskarte (EHIC) für gesetzlich Krankenversicherte gilt auch in Italien. Bei kleineren Verletzungen kann man sich in die Erste-Hilfe-Station *(Pronto Soccorso)* eines Krankenhauses begeben oder einen, dem ASL *(Azienda Sanitaria Locale)* angeschlossenen Spezialist aufgesuchen. Der staatliche Gesundheitsdienst (*Pronto Soccorso* und ggf. Krankenhaus) rechnet die Leistung direkt über Ihre Krankenkasse ab. In Facharztpraxen muss die Rechnung gleich beglichen werden. Für die Kostenerstattung bei der eigenen Krankenkasse benötigt man eine detaillierte Rechnung. Sehr zu empfehlen ist der Abschluss einer privaten Reisekrankenversicherung mit Krankenrücktransport im Notfall.

BARRIEREFREI REISEN

Per Gesetz sollten z. B. Fähren wie die nach Capri und Ischia behindertengerecht sein. Die Realität sieht anders aus. Erfreulich, dass Neapels Museen sowie die Ausgrabungsstätten Pompeji und Paestum inzwischen auf Rollstuhlfahrer eingestellt sind. Auch einige Strände in der Region bieten barrierefreien Zugang. Eine Übersicht gibt die Website www.turismoaccessibile.org.

DIPLOMATISCHE VERTRETUNGEN

- **Deutsches Honorarkonsulat**
  Via Medina 40
  80133 Napoli
  Tel. 08 12 48 85 11
  www.italien.diplo.de
- **Österreichisches Honorarkonsulat**
  Via Ricciardi 10
  80142 Napoli
  Tel. 08 15 53 43 72
  www.bmeia.gv.at
- **Schweizerisches Konsulat**
  Via Consalvo Carelli 7
  80128 Napoli
  Mobil-Tel. 33 58 31 52 57
  www.eda.admin.ch/roma

EINREISE

Das Mitführen eines gültigen Reisepasses oder Personalausweises ist für EU-Bürger und Schweizer, auch für Kinder, Pflicht, Grenzkontrollen gelten für Schweizer.

FEIERTAGE

1. Jan. Neujahr *(Capodanno);* **6. Jan.** Dreikönige *(Epifania);* **25. April** Tag der Befreiung *(Festa della Liberazione);* **Ostersonntag/-montag** *(Pasqua e Pasquetta);* **1. Mai** Tag der Arbeit *(Festa del Lavoro);* **2. Juni** Tag der Republik *(Festa della Repubblica);* **15. Aug.** Mariä Himmelfahrt *(Ferragosto);* **1. Nov.** Allerheiligen *(Ognissanti);* **8. Dez.** Mariä Empfängnis *(Immacolata Concezione);* **25./ 26. Dez.** Weihnachten *(Natale e Santo Stefano).*

GELD

Mit Bankkarte und PIN-Code kann man an Bankautomaten *(Bancomat)* rund um die Uhr abheben. Kreditkarten akzeptieren die meisten Hotels, Restaurants und Geschäfte.

URLAUBSKASSE

• Espresso (Bar)	1 €
• Cappuccino (Bar)	2,50 €
• Softdrink	2–3 €
Glas Bier	2–4 €
• Snack (Panino, Pizza)	3–6 €
• Kleines Eis	2 €
• Taxifahrt (5–10 km)	18–21 €
• Mietwagen/Tag	ab 50 €

HAUSTIERE

Für die Mitnahme von Hunden und Katzen nach Italien ist der EU-Heimtierpass erforderlich, inkl. Nachweis einer Tollwutimpfung (mind. 30 Tage und max. 12 Monate alt) sowie die Kennzeichnung mit Mikrochip.

In vielen Hotels, vor allem in den Kurbetrieben auf Ischia, ist das Mitbringen von Hunden nicht gestattet, die Mitnahme von Leine und Maulkorb ist obligatorisch.

INFORMATION

Im Heimatland informiert die Italienische Zentrale für Tourismus, **ENIT – Agenzia Nazionale del Turismo**:

- **ENIT Deutschland:**
  Barckhausstr. 10
  60325 Frankfurt/Main
  Tel. 069/23 74 34
  www.enit-italia.de
- **ENIT Österreich:** Mariahilfer Str. 1b/XVI, 1060 Wien, Tel. 01/5 05 16 39, www.enit.at
- **In Neapel: Azienda Autonoma di Soggiorno e Turismo (A. A. S. T.)** Zentrale: Piazza del Gesù, 80132 Napoli, Tel. 08 15 51 27 01, www.inaples.it
- **Ente Provinciale per il Turismo (E. P. T.)**, Zentrale:
  Piazza dei Martiri 58, 80121 Napoli,
  Tel. 08 14 10 72 11
  www.eptnapoli.info
- **Am Golf von Neapel:** In vielen Orten helfen **Büros der A. A. S. T.** bei der Unterkunftssuche und bei Fragen nach Öffnungszeiten etc. Die Infobüros sind im Winter in der Regel Mo–Sa 8.30–12, im Sommer bis 20 Uhr geöffnet.

INTERNET

In Neapel kann man an etlichen öffentlichen Hotspots kostenlos surfen – z. B. Piazza Bellini, Piazza Municipio, Piazza Dante (Verbindung Comune-NA Piazze WIFI aktivieren), in der Region bieten die meisten Hotels, B&Bs und Restaurants ihren Gästen gratis Netzzugang.

NETZSPANNUNG

220 Volt; Schukostecker passen selten. Adapter gibt es bei der Hotelrezeption oder im Fachhandel.

NOTRUF

- **Polizei, Unfallrettung, Feuerwehr:** Tel. 112
- **Pannenhilfe** *(Soccorso ACI)*: Tel. 116 bzw. 80 31 16, für Inhaber von Auslandsschutzbriefen, Mitglieder von Automobilklubs, die mit dem ACI kooperieren.

ÖFFNUNGSZEITEN

- **Banken:** Mo–Fr 8.30–13.30 Uhr und 1–2 Std. nachmittags (außer Sa).
- **Geschäfte** sind in der Regel Mo–Fr 9–13 und 16.30–19.30 Uhr, Sa ganztags geöffnet (außer vielen Einzelhändlern, die Mo vormittags, und Lebensmittelläden, die Do nachmittags schließen).
- **Kirchen:** 7–12 und 15–19 Uhr
- **Museen:** oft Mo aber auch Mi geschl.
- **Postämter:** Mo–Fr 8.30–13.30 Uhr, Hauptpost bis 19, Sa bis 11.45 Uhr.
- **Tankstellen:** 7–12.30, 15–19 Uhr, auf Autobahnen durchgehend; So, Fei hat meist eine Tankstelle pro Ort Dienst; z. T. gibt es Tankautomaten, die mit 10-€-Scheinen funktionieren.

POST

Postämter sind für Post, Telegrafie und div. Zahlungsverkehr zuständig (nicht Telefonwesen). Briefmarken *(francobolli)* verkaufen auch Tabakläden *(Tabacchi)*. Das Porto von Italien in EU-Länder und die Schweiz beträgt für Briefe (bis 20 g) und Postkarten 1,10 €.

RAUCHEN

In Italien herrscht in allen öffentlichen Gebäuden Rauchverbot, ebenso in Bars, Cafés, Restaurants, Klubs etc.

SICHERHEIT

Die Gefahr, Opfer von Dieben zu werden, ist in Neapel groß. Als Maßnahme gegen Straßenräuber auf Mopeds sind in der historischen Altstadt *motorini* verboten, doch nicht jeder hält sich an das Verbot.

Um Diebstahl vorzubeugen sollte man Folgendes beachtet: Keine Wertgegenstände, Gepäckstücke o. Ä. im Auto lassen, das Handschuhfach öffnen, um zu zeigen, dass sich darin nichts befindet. Bei einem Bummel durch Neapel sollte man keine Hand-, Schultertaschen bzw. Rucksäcke, keinen wertvollen Schmuck und keine größeren Geldbeträge mit sich führen und das nötige Bargeld in Innen-, Gürteltaschen o. Ä. verstauen.

Neapel ist Italiens Zentrum der Produktpiraterie. Auch den Käufern **gefälschter Markenartikel** drohen hohe Strafen von bis zu 10 000 € Bußgeld.

TELEFON/HANDY

Öffentliche Fernsprecher funktionieren mit Telefonkarten *(scheda telefonica)* zu 2,50 bzw. 5 €; erhältlich bei Postämtern und Tabakläden.

Das italienische Mobilfunknetz bietet die Standards GSM 900 und GSM 1800, das eigene **Handy** *(telefonino)* funktioniert auch mit Prepaidkarte problemlos. Nach den Tarifen sollte man sich aber vorab beim jeweiligen Anbieter erkundigen.

In Italien muss man auch innerorts die mit »0« beginnende **Ortskennziffer** (z. B. 081 für Neapel) als Bestandteil der Festnetztelefonnummer mitwählen, Handynummern beginnen ohne »0«, meistens mit einer »3« oder »6«.

Internationale Vorwahlen nach Italien 00 39, nach Deutschland 00 49, nach Österreich 00 43, in die Schweiz 00 41 (vor der jeweiligen Ortsnetzkennzahl ohne »0«).

Die Rufnummer für die **nationale Telefonauskunft** in ganz Italien: Tel. 12, für die internationale: Tel. 176.

TRINKGELD

In Restaurantrechnungen kann das Bedienungsgeld als *servizio* bereits ausgewiesen sein (nicht *pane e coperto,* das ist der Betrag fürs Gedeck). Anderenfalls ist es üblich, 5–10 % der Rechnungssumme als *mancia* auf dem Tisch liegen zu lassen. In Bars legt man eine Münze auf den *scontrino* (Kassenbon). Die Pflicht, diesen aufzubewahren, gilt noch bis zu einer angekündigten Gesetzesänderung. Auch im Hotel und für Reiseführer vor Ort sind Trinkgelder üblich.

VERKEHRSREGELN

Führerschein und Fahrzeugschein sind obligatorisch, das Mitführen der Grünen Versicherungskarte ist als Nachweis und für eine einfachere Schadensabwicklung empfehlenswert.

Zulässige Höchstgeschwindigkeiten: Autobahn 130 km/h (bei Nässe 110 km/h), Schnellstraße 110 km/h (bei Nässe 90 km/h), Landstraße 90 km/h, innerorts 50 km/h.

Eingeschaltetes Abblendlicht ist außerorts auch tagsüber Pflicht, ebenso das Mitführen einer Warnweste bzw. deren Tragen bei Unfall oder Panne. Promillegrenze: 0,5. Motorradfahrer müssen einen genormten Schutzhelm (ECE R22) tragen, bei Zuwiderhandlung kann die Polizei das Motorrad bis zu einem Monat beschlagnahmen.

ZOLL

Für EU-Bürger gibt es keine Einfuhrbeschränkungen mehr. Als Anhaltswerte für persönlichen Bedarf gelten folgende Höchstmengen: 800 Zigaretten, 200 Zigarren, 10 l Spirituosen, 20 l Likörwein, 90 l Wein, 10 kg Kaffee pro Person. Für Parfüm gelten innerhalb der EU-Länder keine Mengenbegrenzungen mehr. Für Schweizer sind 200 Zigaretten oder 50 Zigarren, 1 l Spirituosen, 2 l Wein, Souvenirs und Geschenke bis zu 300 CHF zollfrei.

REGISTER

BILDNACHWEIS

Coverfoto Basilica di San Paolo Maggiore, Neapel © Huber Images/Pipe, Ben
Fotos Umschlagrückseite laif/Celentano, Raffaele (links, rechts); Schapowalow/Simeone, Giovanni (Mitte)

Alamy/age fotostock/Sorrentino, Angela: 71;nAlamy/Boethling, Joerg: 136; Alamy/Eastland, Adam: 13; Alamy/NAfoto: 12; Alamy/robertharding: 40; Alamy/Wrba, Ernst: 14; Amann, Peter: 64; APA Publications/Wood, Phil: 115, 132; Bildagentur Huber/Gräfenhain: 22, 110, 117, 128; Bildagentur Huber/Kremer, Susanne: 30; Bildagentur Huber/Simeone, G.: 148; Fotolia/ArTo: 46/47; Fotolia/Desscouleurs, Marco: 36; Fotolia/Malangone, Maurizio: 151; Fotolia/mirekdeml: 84; Fotolia/sergiopazzano: 72; getty images/Morita, Eri: 96; gettyimages/Babylon and Beyond Photography/Jauron, Vicki: 92; gettyimages/Westend61: 66; Hackenberg, Rainer: 105; Huber Images/Baviera, Guido: 49; Huber Images/Ben Pipe Photography: 17; Huber Images/Carassale, Matteo: 48; laif/Celentano, Raffaele: 16, 27, 42, 44, 134, 142, 145; laif/hemis.fr./Mattes, Rene: 121; laif/Henkelmann, Sophie: 106; laif/Heuer, Frank: 6/7; laif/robertharding/Scriven, Eleanor: 118; von Loeffelholz, Sabine: 51, 76, 80; Lookphotos/age fotostock: 59; Lookphotos/ClickAlps: 23; Lookphotos/Greune, Jan: 124; Lookphotos/Johaentges, Karl: 62; Lookphotos/Martini, Rainer: 9; mauritius images/age: 20/21; Nowak, Christian: 8, 10; plainpictures/bias: 75; Schapowalow/Greco, Giuseppe: 100; Schapowalow/Simeone, Giovanni: 18; Shutterstock/leoks: 60; Shutterstock/mezzotint: 146; Shutterstock/Perseo Studio: 19; Shutterstock/Silipo, Luigi: 32/33; Shutterstock/skyfish: 91; stock.adobe.com/Ne_Cloud: 31.

Liebe Leserin, lieber Leser,
wir freuen uns, dass Sie sich für diesen POLYGLOTT on tour entschieden haben.
Unsere Autorinnen und Autoren sind für Sie unterwegs und recherchieren sehr gründlich, damit Sie mit aktuellen und zuverlässigen Informationen auf Reisen gehen können.
Dennoch lassen sich Fehler nie ganz ausschließen. Wir bitten Sie um Verständnis, dass der Verlag dafür keine Haftung übernehmen kann.

Ihre Meinung ist uns wichtig. Bitte schreiben Sie uns:

GRÄFE UND UNZER VERLAG
Postfach 86 03 66, 81630 München, Tel. 0 89 / 419 819 41
www.polyglott.de

LESERSERVICE
polyglott@graefe-und-unzer.de
Tel. 0 800 / 72 37 33 33 (gebührenfrei in D, A, CH), Mo–Do 9–17 Uhr, Fr 9–16 Uhr

1. Auflage 2019

© 2019 GRÄFE UND UNZER VERLAG GmbH, München

Dieses Buch wurde auf chlorfrei gebleichtem Papier gedruckt.
ISBN 978-3-8464-0421-8

Alle Rechte vorbehalten. Nachdruck, auch auszugsweise, sowie die Verbreitung durch Film, Funk, Fernsehen und Internet, durch fotomechanische Wiedergabe, Tonträger und Datenverarbeitungssysteme jeglicher Art nur mit schriftlicher Genehmigung des Verlages.

Bei Interesse an maßgeschneiderten B2B-Editionen:
gabriella.hoffmann@graefe-und-unzer.de

Bei Interesse an Anzeigen:
KV Kommunalverlag GmbH & Co KG
Tel. 089/928 09 60
info@kommunal-verlag.de

Verlagsleitung: Grit Müller
Verlagsredaktion: Anne-Katrin Scheiter
Autor: Christian Nowak
Redaktion: Renate Nöldeke
Bildredaktion: Kathrin Schäfer
Mini-Dolmetscher: Langenscheidt
Layoutkonzept/Titeldesign: Independent Medien Design, München Horst Moser (Artdirection), Lucie Heselich
Karten und Pläne: Theiss Heidolph und Kunth Verlag GmbH & Co. KG
Satz: uteweber-grafikdesign
Herstellung: Anna Bäumner, Gloria Schlayer
Druck und Bindung: Printer Trento, Italien

PEFC
PEFC/18-31-506

GRÄFE UND UNZER

Ein Unternehmen der
GANSKE VERLAGSGRUPPE

MINI-DOLMETSCHER ITALIENISCH

ALLGEMEINES

Guten Tag.	Buongiorno. [buon**d~~sch~~or**no]
Hallo!	Ciao! [**tscha**o]
Wie geht's?	Come sta? [**ko**me sta]
Danke, gut.	Bene, grazie. [**bä**ne **gra**zje]
Ich heiße ...	Mi chiamo ... [mi kj**a**mo]
Auf Wiedersehen.	Arrivederci. [arriwe**der**tschi]
Morgen	mattina [mat**ti**na]
Nachmittag	pomeriggio [pome**rid~~sch~~**o]
Abend	sera [**ß**era]
Nacht	notte [**not**te]
morgen	domani [do**ma**ni]
heute	oggi [**od~~sch~~**i]
gestern	ieri [**jä**ri]
Sprechen Sie Deutsch?	Parla tedesco? [**par**la te**des**ko]
Wie bitte?	Come, prego? [**ko**me **prä**go]
Ich verstehe nicht.	Non capisco. [non ka**pis**ko]
Sagen Sie es bitte nochmals.	Lo può ripetere, per favore. [lo pu**o** ri**pä**tere per fa**wo**re]
..., bitte.	..., per favore. [per fa**wo**re]
danke	grazie [**gra**zje]
Keine Ursache.	Prego. [**prä**go]
was / wer / welcher	che / chi / quale [ke / ki / ku**a**le]
wo / wohin	dove [**do**we]
wie / wie viel	come / quanto [**ko**me / ku**an**to]
wann / wie lange	quando / quanto tempo [ku**an**do / ku**an**to **täm**po]
warum	perché [per**ke**]
Wie heißt das?	Come si chiama? [**ko**me ßi kj**a**ma]
Wo ist ...?	Dov'è ...? [do**wä**]
Können Sie mir helfen?	Mi può aiutare? [mi pu**o** aju**ta**re]
ja	sì [ßi]
nein	no [no]
Entschuldigen Sie.	Scusi. [**sku**si]
Gibt es hier eine Touristeninformation?	C'è un ufficio di turismo qui? [**tschä** un uf**fi**tscho di tu**ris**mo ku**i**]
Haben Sie einen Stadtplan?	Ha una pianta della città? [a **u**na pj**an**ta **del**la tschit**ta**]
Wann ist ... geöffnet?	A che ora è aperto (m.) / aperta (w.) ...? [a **ke o**ra ä a**pär**to / a**pär**ta]
das Museum	il museo (m.) [il mu**se**o]

SHOPPING

Wo gibt es ...?	Dove posso trovare ...? [**do**we **pos**so tro**wa**re]
Wie viel kostet das?	Quanto costa? [ku**an**to **kos**ta]
Wo ist eine Bank?	Dov'è una banca? [do**wä** una **bang**ka]
Ich suche einen Geldautomaten.	Dove posso trovare un bancomat? [**do**we **pos**so tro**wa**re un bangko**mat**]
Geben Sie mir 100 g Käse / zwei Kilo Pfirsiche	Mi dia un etto di formaggio / due chili di pesche. [mi **di**a un **ät**to di for**mad~~sch~~**o / **due ki**li di **päs**ke]
Wo kann ich telefonieren / eine Telefonkarte kaufen?	Dove posso telefonare / comprare una scheda telefonica? [**do**we **pos**so telefo**na**re / kom**pra**re una **ske**da tele**fo**nika]

ESSEN UND TRINKEN

Die Speisekarte, bitte.	Il menu per favore. [il me**nu** per fa**wo**re]
Brot	pane [**pa**ne]
Kaffee	caffè / espresso [kaf**fä** / es**präs**so]
Tee	tè [tä]
mit Milch / Zucker	con latte / zucchero [kon **lat**te / **zuk**kero]
Orangensaft	succo d'arancia [**suk**ko da**ran**tscha]
Mehr Kaffee, bitte.	Un altro caffè, per favore. [un **al**tro kaf**fä** per fa**wo**re]
Suppe	minestra [mi**näs**tra]
Nudeln	pasta [**pas**ta]
Fisch / Meeresfrüchte	pesce / frutti di mare [**pe**sche / **frut**ti di **ma**re]
Fleisch	carne [**kar**ne]
Geflügel	pollame [pol**la**me]
Beilage	contorno [kon**tor**no]
vegetarische Gerichte	piatti vegetariani [pj**at**ti wed~~sch~~etar**ja**ni]
Ei	uovo [u**o**vo]
Salat	insalata [inßa**la**ta]
Dessert	dolci [**dol**tschi]
Obst	frutta [**frut**ta]
Eis	gelato [d~~sch~~e**la**to]
Wein	vino [**wi**no]
Bier	birra [**bir**ra]
Wasser	acqua [**a**kua]
Mineralwasser	acqua minerale [akua mine**ra**le]
mit / ohne Kohlensäure	gassata / naturale [gas**sa**ta / natu**ra**le]
Ich möchte bezahlen.	Il conto, per favore. [il **kon**to per fa**wo**re]

MEINE ENTDECKUNGEN

Teilen Sie Ihre Entdeckungen auf facebook.com/Polyglottreisewelt.

CHECKLISTE GOLF VON NEAPEL

Nur da gewesen oder schon entdeckt?

☐ **CAFFÈ UND SFOGLIATELLE MIT DEN NEAPOLITANERN**
Der kleine starke Muntermacher für zwischendurch wird in der Bar Nilo im Stehen an der Theke eingenommen. Dazu schmeckt nicht nur zum Frühstück eine Blätterteigtasche. > S. 16

☐ **WO DIE ERDE DAMPFT UND ZISCHT**
Im Solfatara-Krater von Pozzuoli ist die vulkanische Vergangenheit der Region noch Gegenwart. > S. 69

☐ **AUF SCHNÄPPCHENJAGD**
Neapels Märkte sind eine wahre Fundgrube, von der Krippenfigur bis zu Trödel und Antiquitäten reicht das Angebot. > S. 64

☐ **MUSEUM MIT WEITBLICK**
Auf dem Capodimonte sind die Gemälde der Galleria Napoletana genauso spektakulär wie der grandiose Golfblick. > S. 57

☐ **BESUCH BEI DEN GRIECHEN SÜDLICH VON NEAPEL**
Der Poseidontempel von Paestum zählt zu den besterhaltenen Bauten der griechischen Antike. > S. 140

☐ **LUXUSVILLA MIT POOL**
Die Villa Oplontis bei Torre Annunziata lässt über den Lebensstil des römischen Adels staunen. > S. 83

☐ **AKTIV IM CILENTO**
Am kühlen Morgen wandern, am Nachmittag im Meer baden und abends die aromatische Küche genießen – im Cilento-Nationalpark ist das möglich. > S. 146

MITBRINGSEL

- **Zitronen in der Flasche:** Eisgekühlter Limoncello weckt Erinnerungen an den Urlaub. > S. 18
- **Sott'olio:** Extrareifes, in Öl eingelegtes Gemüse schmeckt zu Hause noch lange köstlich. > S. 18